NULIS SKR. RECEPTŲ I........

Skanūs valgiai, skatinantys medžiagų apykaitą, deginti riebalus ir pakeisti kūną

Jūra Augaitė

TURINYS

ĮVADAS

Sveiki atvykę į „NULIS SKRANDŽIO RECEPTŲ KNYGA"! Šiame maitinančių receptų rinkinyje kviečiame leistis į kelionę link sveikesnio. „Zero Belly" metodas yra skirtas jūsų kūno maitinimui naudingais ingredientais, kurie skatina subalansuotą medžiagų apykaitą, padeda deginti riebalus ir palaiko bendrą gerovę. Ši kulinarijos knyga yra jūsų vadovas, kaip sukurti skanius patiekalus, kurie padės pasiekti savo sveikatos ir kūno rengybos tikslus.

„Zero Belly" tikime, kad maistas gali būti ir maitinantis, ir patenkintas. Sukūrėme receptų kolekciją, kurioje pirmenybė teikiama ingredientams, kuriuose yra daug maistinių medžiagų ir skonio, tačiau juose mažai pridėtinio cukraus, nesveikų riebalų ir dirbtinių ingredientų. Šie receptai skirti padėti optimizuoti medžiagų apykaitą, palaikyti sveiką virškinimą ir pasiekti lieknesnį bei sveikesnį kūną.

Šiuose puslapiuose rasite daugybę skanių receptų, apimančių įvairius skonius, tekstūras ir virtuvę. Nuo sočių pusryčių ir energingų salotų iki kvapnių pagrindinių patiekalų ir desertų be priekaištų – sukūrėme įvairią patiekalų kolekciją, kuri leis jums būti patenkintiems ir suteikti energijos visą dieną. Kiekvienas receptas yra kruopščiai parengtas, kad suteiktų jums makroelementų, vitaminų ir mineralų pusiausvyrą, bet vis tiek būtų skanus ir lengvai paruošiamas.

Tačiau ši kulinarijos knyga yra daugiau nei tik sveikų receptų rinkinys. Supažindinsime su „Zero Belly" metodo principais, pasidalinsime patarimais, kaip pasirinkti ingredientus, pateiksime valgio planavimo strategijas ir pateiksime įžvalgų apie mokslą, kaip maitinti savo kūną siekiant optimalios sveikatos. Mūsų tikslas – suteikti jums galimybę priimti pagrįstus maisto produktus, kuriuos valgote, ir sukurti tvarų bei malonų požiūrį į sveiką mitybą.

Taigi, nesvarbu, ar norite numesti kelis kilogramus, padidinti energijos lygį ar tiesiog pasirinkti sveikesnį gyvenimo būdą, „NULIS SKRANDŽIO RECEPTŲ KNYGA" bus jūsų palydovas šioje kelionėje. Pasiruoškite pamaitinti savo kūną skaniais patiekalais, kurie pakeis jūsų išvaizdą, savijautą ir gyvenimą.

PUSRYČIAI

1.„Zero-Belly" blynai ir sirupas

Bendras laikas: 30 MIN| Patiekimas: 5

INGRIDIENTAI:
SIRUPUI:
- 2 šaukštai klevų sirupo, be cukraus
- ½ puodelio Sukrin pluošto sirupo

BLYNELIAMS:
- 4 kiaušiniai, dideli
- 2 šaukštai eritritolio
- ½ šaukštelio kepimo sodos
- 3/4 puodelio jūsų pasirinkto riešutų sviesto
- 1/3 puodelio kokosų pieno
- 2 šaukštai ghi
- 1 šaukštelis cinamono

INSTRUKCIJOS:
- Į stiklainį ar nedidelį dubenį supilkite klevų sirupą ir cukraus pluošto sirupą ir šaukštu maišykite, kol susimaišys. Uždenkite stiklainį ir padėkite į šalį, kol prireiks.
- Kiaušinius, eritritolį, soda, kokosų pieną, riešutų sviestą ir cinamono miltelius sudėkite į virtuvinį kombainą ir plakite, kol susimaišys.
- Įkaitinkite ghi nepridegančioje keptuvėje ir naudokite maždaug ¼ puodelio vienam blynui. Kepkite, kol blynas sustings, tada apverskite ir baikite virti; padėkite ant lėkštės.
- Pakartokite su likusia tešla ir lėkšte.
- Užpilkite sirupu ir patiekite.

MITYBA: Kalorijos 401 | Iš viso riebalų 32,5g | Grynieji angliavandeniai: 3,6 g | Baltymai 12,8g | ląsteliena 5,3g)

2.Šoninės avokado pusryčių bandelės

Bendras laikas: 41 MIN| Porcijos: 16)

INGRIDIENTAI:

- ½ stiklinės migdolų miltų
- 1 ½ šaukštelio psyllium lukštų miltelių
- 4,5 uncijos Colby Jack sūrio
- 1 šaukštelis kepimo miltelių
- 1 šaukštelis česnako, supjaustytas kubeliais
- 1 šaukštelis laiškinių česnakų, džiovintų
- 3 stiebeliai laiškinių svogūnų
- 1 šaukštelis kalendros, džiovintos
- ¼ šaukštelio raudonųjų čili dribsnių
- Druskos ir pipirų
- 1 ½ šaukštelio citrinos sulčių
- 5 kiaušiniai
- ¼ puodelio linų sėmenų miltų
- 1 ½ puodelio kokosų pieno, iš dėžutės
- 5 griežinėliai šoninės, supjaustyti juostelėmis
- 2 avokadai, kubeliais
- 2 šaukštai sviesto, ekologiškas

INSTRUKCIJOS:

- Į dubenį sudėkite miltus, prieskonius, citrinos sultis, kiaušinius, linų sėmenų miltus ir kokosų pieną. Sumaišykite, kol gerai susimaišys.
- Įkaitinkite keptuvę ir kepkite šoninės juosteles iki traškumo, tada sudėkite sviestą ir avokadą.
- Į tešlą įpilkite šoninės ir avokado mišinio ir sumaišykite.
- Ant viršaus uždėkite dvi 350 F ir sutepkite keksiukų formeles.

- Supilkite tešlą į formeles ir kepkite 26 minutes. Išimkite iš orkaitės ir atvėsinkite prieš išimdami iš formos.
- Tarnauti. Dideli likučiai šaldytuve.

MITYBA: Kalorijos 163 | Iš viso riebalų 14,1g | Grynieji angliavandeniai: 1,5 g | Baltymai 6,1g | ląsteliena 3,3g)

3.Apelsininiai cinamono paplotėliai

Bendras laikas: 30 MIN| Patiekiama: 8)

INGRIDIENTAI:

- 1 valgomasis šaukštas auksinių linų sėmenų
- 1 ½ šaukštelio cinamono
- ½ šaukštelio druskos
- 7 šaukštai + 1 šaukštas kokosų miltų
- ½ šaukštelio kepimo miltelių
- Vieno apelsino žievelė
- ¼ puodelio sviesto, nesūdyto, supjaustyto kubeliais
- ¼ puodelio eritritolio
- ¼ šaukštelio stevijos
- 2 kiaušiniai
- 2 šaukštai klevų sirupo
- ½ šaukštelio ksantano dervos
- 1/3 puodelio riebios grietinėlės
- 1 šaukštelis vanilės

GREJUI:

- 20 lašų stevijos
- 1 valgomasis šaukštas apelsinų sulčių
- ¼ puodelio kokosų sviesto

INSTRUKCIJOS:

- Žiūrėkite aukščiau du 400 F.
- Į dubenį sudėkite visus sausus ingredientus, išskyrus ksantaną ir 1 valgomąjį šaukštą kokoso miltų. Į sausą mišinį įpilkite sviesto ir išmaišykite, kad susimaišytų.
- Sumaišykite saldiklį ir kiaušinius, kol jie gerai susimaišys ir bus šviesios spalvos. Įdėkite klevų sirupą, likusius miltus, ksantano dervą, riebią grietinėlę ir vanilę; maišykite iki vientisos masės ir tirštumo.

- Supilkite drėgną mišinį, kad išdžiūtų, palikdami 2 šaukštus skysčių, sumaišykite ir suberkite cinamoną ir rankomis suformuokite mišinį į tešlą. Suformuokite rutulį ir įspauskite į pyragą kaip formą. Supjaustykite į 8 dalis.
- Padėkite ant išklotos kepimo skardos ir naudokite rezervuotą skystį, kad apteptumėte paplotėlių viršų.
- Kepkite 15 minučių, išimkite iš orkaitės ir atvėsinkite.
- Paruoškite glajų ir prieš patiekdami apliekite paplotėlius.

MITYBA: Kalorijos 232 | Iš viso riebalų 20g | Grynieji angliavandeniai: 3,3 g | Baltymai 3,3g | ląsteliena: 4,3 g)

4.Raudonieji pipirai, mocarela ir šoninė Frittata

Bendras laikas: 35 MIN| Patiekti: 6

INGRIDIENTAI:

- 1 valgomasis šaukštas alyvuogių aliejaus
- 7 griežinėliai šoninės
- 1 raudona paprika, susmulkinta
- $\frac{1}{4}$ puodelio riebios grietinėlės
- $\frac{1}{4}$ puodelio parmezano sūrio, tarkuoto
- 9 kiaušiniai
- Druskos ir pipirų
- 2 šaukštai petražolių, kapotų
- 4 puodeliai Bella grybų, didelių
- $\frac{1}{2}$ puodelio baziliko, supjaustyto
- 4 uncijos mocarelos sūrio, kubeliais
- 2 uncijos ožkos sūrio, supjaustyto

INSTRUKCIJOS:

- Žiūrėkite aukščiau du 350 F.
- Keptuvėje įkaitinkite alyvuogių aliejų, tada sudėkite šoninę ir kepkite 5 minutes, kol apskrus.
- Įberkite raudonųjų pipirų ir virkite 2 minutes, kol suminkštės. Kol pipirai verda, į dubenį įpilkite grietinėlės, parmezano sūrio, kiaušinių, petražolių, druskos ir pipirų ir išplakite, kad sumaišytumėte.
- Grybus suberkite į puodą, išmaišykite ir kepkite 5 minutes, kol išmirks riebaluose. Suberkite baziliką, virkite 1 minutę, tada suberkite mocarelą.
- Įpilkite kiaušinių mišinio ir šaukštu judinkite ingredientus, kad kiaušinis patektų ant keptuvės dugno.
- Pabarstykite ožkos sūriu ir pašaukite į orkaitę 8 minutėms, tada kepkite 6 minutes.

- Peiliu nuplėškite frittatos kraštus nuo keptuvės, dėkite ant lėkštės ir supjaustykite.

MITYBA: Kalorijos 408 | Iš viso riebalų 31,2g | Grynieji angliavandeniai: 2,4 g | Baltymai 19,2 g | Skaidulos: 0,8 g)

5.Sūrio ir dešrų pyragai

Bendras laikas: 40 MIN| Patiekimas: 2

INGRIDIENTAI:

- 1 $\frac{1}{2}$ gabalėlių vištienos dešros
- $\frac{1}{2}$ šaukštelio rozmarino
- $\frac{1}{4}$ šaukštelio kepimo sodos
- $\frac{1}{4}$ puodelio kokosų miltų
- $\frac{1}{4}$ šaukštelio kajeno pipirų
- 1/8 šaukštelio druskos
- 5 kiaušinių tryniai
- 2 šaukšteliai citrinos sulčių
- $\frac{1}{4}$ puodelio kokosų aliejaus
- 2 šaukštai kokosų pieno
- $\frac{3}{4}$ čederio sūrio, tarkuoto

INSTRUKCIJOS:

- Žiūrėkite aukščiau du 350 F.
- Susmulkinkite dešrą, įkaitinkite keptuvę ir iškepkite dešrą. Kol dešrelės kepa, dubenyje sumaišykite visus sausus ingredientus. Kitame dubenyje sumaišykite kiaušinių trynius, citrinos sultis, aliejų ir kokosų pieną. Į sausą mišinį įpilkite skysčių ir įpilkite $\frac{1}{2}$ puodelio sūrio; sulenkite, kad susijungtumėte ir sudėkite į 2 riekeles.
- Į tešlą sudėkite virtas dešreles ir šaukštu įspauskite į mišinį.
- Kepkite 25 minutes, kol viršus taps auksinės spalvos. Ant viršaus uždėkite sūrio likučius ir kepkite 4 minutes.
- Patiekite šiltą.

MITYBA: Kalorijos 711 | Iš viso riebalų 65,3g | Grynieji angliavandeniai: 5,8 g | Baltymai 34,3 g | Skaidulos: 11,5 g)

6.Pusryčių Quiche

Bendras laikas: 30 MIN| Patiekimas: 2

INGRIDIENTAI:

- 3 šaukštai kokosų aliejaus
- 5 kiaušiniai
- 8 griežinėliai šoninės, išvirti ir supjaustyti
- ½ puodelio grietinėlės
- 2 puodeliai kūdikių špinatų, grubiai pjaustytų
- 1 puodelis raudonųjų pipirų, susmulkintų
- 1 puodelis geltonojo svogūno, supjaustyto
- 2 skiltelės česnako, susmulkintos
- 1 puodelis grybų, pjaustytų
- 1 puodelis čederio sūrio, tarkuoto
- Druska

INSTRUKCIJOS:

- Įkaitinkite orkaitę iki 375 F.
- Dideliame dubenyje sumaišykite visas daržoves, įskaitant grybus.
- Kitame mažame dubenyje išplakite 5 kiaušinius su grietinėle
- Atsargiai supilkite daržovių mišinį į kepimo skardą, padengtą kepimo purkštuvu, ant viršaus užpilkite kiaušinį ir sūrį, užpildydami iki ¾ bandelių formelių. Ant viršaus pabarstykite pjaustyta šonine.
- Pašaukite į orkaitę kepti 15 minučių arba kol quiche viršus sutvirtės.
- Prieš patiekdami leiskite keletą minučių atvėsti.

MITYBA: Kalorijų 210 | Iš viso riebalų 13g | Grynieji angliavandeniai: 5g | Baltymai 6g)

7.Chicharrones con Huevos (kiaulienos žievelė ir kiaušiniai)

Bendras laikas: 30 MIN| Patiekimas: 3

INGRIDIENTAI:
- 4 griežinėliai šoninės
- 1,5 uncijos kiaulienos žievelės
- 1 avokadas, kubeliais
- ¼ puodelio svogūno, supjaustyto
- 1 pomidoras, susmulkintas
- 2 jalapeno paprikos, išimtos sėklos ir susmulkintos
- 5 kiaušiniai
- ¼ puodelio kalendros
- Druskos ir pipirų

INSTRUKCIJOS:
- Įkaitinkite keptuvę ir kepkite šoninę, kol šiek tiek apskrus. Išimkite iš puodo ir padėkite ant popierinių rankšluosčių.
- Į puodą sudėkite kiaulienos žieveles kartu su svogūnu, pomidorais, pipirais ir kepkite 3 minutes, kol svogūnai suminkštės ir taps skaidrūs.
- Suberkite kalendrą, švelniai išmaišykite ir įmuškite kiaušinius. Išplakite kiaušinius, tada sudėkite avokadą ir sulenkite.
- Tarnauti.

MITYBA: Kalorijos 508 | Iš viso riebalų 43g | Grynieji angliavandeniai: 12g | Baltymai 5 g | Skaidulos: 5,3 g)

8.Aviečių ir kakavos pusryčių dubuo

Bendras laikas: 40 MIN| Patiekti: 1

INGRIDIENTAI:
- 1 puodelis migdolų pieno
- 1 valgomasis šaukštas kakavos miltelių
- 3 šaukštai chia sėklų
- ¼ puodelio aviečių
- 1 šaukštelis agavos arba ksilitolio

INSTRUKCIJOS:
- Mažame dubenyje sumaišykite migdolų pieną ir kakavos miltelius. Gerai išmaišykite.
- Į dubenį suberkite chia sėklas ir palikite 5 minutes.
- Šakute supurtykite chia ir kakavos mišinį ir padėkite į šaldytuvą, kad sustingtų bent 30 minučių.
- Patiekite su avietėmis ir šlakeliu agavos ant viršaus

MITYBA: Kalorijos 230 | Iš viso riebalų 20g | Grynieji angliavandeniai: 4g | Baltymai 15g)

9.Anaheimo pipirų Gruyere vafliai

Bendras laikas: 16 MIN| Patiekimas: 2

INGRIDIENTAI:

- 1 mažas Anaheimo pipiras
- 3 kiaušiniai
- 1/4 puodelio grietinėlės sūrio
- 1/4 puodelio Gruyere sūrio
- 1 valgomasis šaukštas kokosų miltų
- 1 šaukštelis Metamucil miltelių
- 1 šaukštelis kepimo miltelių
- Druska ir pipirai pagal skonį

INSTRUKCIJOS:

- Blenderyje sumaišykite visus ingredientus, išskyrus sūrį ir Anaheimo pipirus. Kai ingredientai gerai sumaišomi, įpilkite sūrio ir pipirų. Gerai išmaišykite, kol visi ingredientai gerai susimaišys.
- Įkaitinkite vaflinę geležį; supilkite ant vaflių mišinio ir virkite 5-6 minutes. Patiekite karštą.

MITYBA: Kalorijos 223,55 | Iš viso riebalų 17g | Grynieji angliavandeniai: 5,50 g | Baltymai 11g)

10.Riešutinės kakavos grūdai

Bendras laikas: 12 MIN| Patiekimas: 2

INGRIDIENTAI:

- 3 šaukštai ekologiško sviesto
- ¾ puodelio skrudintų graikinių riešutų, grubiai pjaustytų
- ¾ puodelio skrudintų makadamijų riešutų, grubiai pjaustytų
- ½ puodelio kokoso drožlių, nesaldžių
- ½ šaukštelio stevijos (nebūtina)
- 2 puodeliai migdolų pieno
- 1/8 šaukštelio druskos

INSTRUKCIJOS:

- Puode ant vidutinės ugnies ištirpinkite sviestą. Į puodą suberkite skrudintus riešutus ir maišykite 2 minutes.
- Į puodą suberkite susmulkintą kokosą ir toliau maišykite, kad nesudegintumėte ingredientų.
- Apšlakstykite stevija (jei naudojate) ir tada supilkite pieną į puodą. Įberkite druskos. Dar kartą išmaišykite ir išjunkite ugnį.
- Prieš patiekdami leiskite pailsėti 10 minučių, kad ingredientai susigertų piene.

MITYBA: Kalorijos 515 | Iš viso riebalų 50,3g | Grynieji angliavandeniai: 14,4 g | Baltymai 6,5 g | Skaidulos: 7,3 g)

11.Pusryčiu tacos

Bendras laikas: 25 MIN| Patiekimas: 3

INGRIDIENTAI:

- 3 juostelės šoninės
- 1 puodelis mocarelos sūrio, susmulkintas
- 2 šaukštai sviesto
- 6 kiaušiniai
- Druskos ir pipirų
- ½ avokado, kubeliais
- 1 uncijos čederio sūris, susmulkintas

INSTRUKCIJOS:

- Šoninę apkepkite iki traškumo, atidėkite į šalį, kol prireiks.
- Įkaitinkite nepridegančią keptuvę ir įdėkite 1/3 puodelio mocarelos į keptuvę ir kepkite 3 minutes, kol aplink kraštai apskrus. Į dubenį ar puodą įdėkite medinį šaukštą ir žnyplėmis iškelkite sūrio taco iš puodo. Pakartokite su likusiu sūriu.
- Keptuvėje ištirpinkite sviestą ir išplakite kiaušinienę; pagardinti naudokite pipirus ir druską.
- Sumuškite kiaušinius į sukietėjusius lukštus, o ant viršaus uždėkite avokadą ir šoninę.
- Ant viršaus uždėkite čederio ir patiekite.

MITYBA: Kalorijos 443 | Iš viso riebalų 36,2g | Grynieji angliavandeniai: 3g | Baltymai 25,7 g | Skaidulos: 1,7 g)

12.Sūrio šoninės ir česnako omletas

Bendras laikas: 30 MIN| Patiekti: 1

INGRIDIENTAI:

- 2 kiaušiniai, dideli
- Druskos ir pipirų
- 1 šaukštelis šoninės riebalų
- 1 oz čederio sūrio
- 2 griežinėliai šoninės, virti
- 2 stiebeliai česnako

INSTRUKCIJOS:

- Išplakite kiaušinius ir pagal skonį įberkite pipirų ir druskos. Susmulkinkite česnaką ir tarkuotą sūrį.
- Įkaitinkite keptuvę ir kepkite šoninės riebalus, kol įkais.
- Į puodą įmuškite kiaušinius ir uždėkite laiškinius česnakus. Kepkite, kol kraštai pradės stingti, tada suberkite šoninę ir kepkite 30–60 sekundžių.
- Įdėkite sūrio ir keletą papildomų česnakų. Mentele perlenkti per pusę. Paspauskite, kad uždarytumėte ir apverstumėte.
- Patiekite iš karto.

MITYBA: Kalorijos 463 | Iš viso riebalų 39g | Grynieji angliavandeniai: 1g | Baltymai 24g | ląsteliena 0g)

13.Picos vafliai

Bendras laikas: 30 MIN| Patiekimas: 2

INGRIDIENTAI:

- 1 valgomasis šaukštas psyllium lukštų
- 1 šaukštelis kepimo miltelių
- Druska
- 3 uncijos čederio sūrio
- 4 kiaušiniai, dideli
- 3 šaukštai migdolų miltų
- 1 valgomasis šaukštas sviesto, ekologiškas
- 1 šaukštelis itališkų prieskonių
- 4 šaukštai parmezano sūrio
- ½ puodelio pomidorų padažo

INSTRUKCIJOS:

- Į dubenį sudėkite visus ingredientus, išskyrus sūrį ir pomidorų padažą. Maišykite maišytuvu arba panardinamuoju trintuvu, kol mišinys taps tirštas.
- Įkaitinkite vaflinę geležį ir iš mišinio pagaminkite du vaflius.
- Sudėkite vaflius ant išklotos kepimo skardos ir užpilkite pomidorų padažu ir sūriu (paskirstykite tolygiai). Kepkite 3 minutes arba kol sūris išsilydys.
- Tarnauti.

MITYBA: Kalorijos 525,5 | Iš viso riebalų 41,5g | Grynieji angliavandeniai: 5g | Baltymai 29g | Iąsteliena 5,5g)

14.Ančiuvių, špinatų ir šparagų omletas

Bendras laikas: 23 MIN| Patiekimas: 2

INGRIDIENTAI:

- 2 uncijos ančiuvių alyvuogių aliejuje
- 2 ekologiški kiaušiniai
- 3/4 puodelio špinatų
- 4 marinuoti šparagai
- Keltų jūros druska
- Šviežiai malti juodieji pipirai
-

INSTRUKCIJOS:

- Įkaitinkite orkaitę iki 375 F.
- Į kepimo formos dugną sudėkite ančiuvius.
- Dubenyje išplakite kiaušinius ir užpilkite ant žuvies. Ant viršaus sudėkite špinatus ir susmulkintus šparagus.
- Pagardinkite druska ir pipirais pagal skonį.
- Kepame įkaitintoje orkaitėje apie 10 min.
- Patiekite karštą.

MITYBA: Kalorijos 83 | Iš viso riebalų 4,91g | Grynieji angliavandeniai: 2,28 g | Baltymai 7,5g)

15.Rudeninė nulio pilvo moliūgų duona

Bendras laikas: 1 val. 30 min.| Patiekimas: 2

INGRIDIENTAI:

- 3 kiaušinių baltymai
- 1/2 puodelio kokosų pieno
- 1 1/2 stiklinės migdolų miltų
- 1/2 puodelio moliūgų tyrės
- 2 šaukšteliai kepimo miltelių
- 1 1/2 šaukštelio moliūgų pyrago prieskonių
- 1/2 šaukštelio košerinės druskos
- Kokosų aliejus tepimui

INSTRUKCIJOS:

- Įkaitinkite orkaitę iki 350 F. Įprastą duonos kepimo formą ištepkite ištirpintu kokosų aliejumi.
- Į didelį dubenį persijokite visus sausus ingredientus.
- Į kitą dubenį supilkite moliūgų tyrę ir kokosų pieną ir gerai išmaišykite. Atskirame dubenyje išplakti kiaušinių baltymus. Įmaišykite kiaušinių baltymus ir švelniai įmaišykite į tešlą.
- Tešlą paskleiskite į paruoštą duonos formą.
- Kepkite duoną 75 minutes. Kai bus paruošta, išimkite duoną iš orkaitės ir leiskite atvėsti.
- Supjaustykite ir patiekite.

MITYBA: Kalorijos 197 | Iš viso riebalų 16g | Grynieji angliavandeniai: 8,18 g | Baltymai 7,2g)

16.Šaldytas Zero-Belly čino

Bendras laikas: 10 MIN| Patiekti: 1

INGRIDIENTAI:

- 1 puodelis šaltos kavos
- 1/3 puodelio riebios grietinėlės
- 1/4 šaukštelio ksantano dervos
- 1 šaukštelis gryno vanilės ekstrakto
- 1 valgomasis šaukštas ksilitolio
- 6 ledo kubeliai
-

INSTRUKCIJOS:

- Sudėkite visus ingredientus į maišytuvą,
- Maišykite, kol visi ingredientai gerai susimaišys ir taps vientisa.
- Patiekite ir mėgaukitės.

MITYBA: Kalorijos 287 | Iš viso riebalų 29g | Grynieji angliavandeniai: 2,76 g | Baltymai 1,91 g)

Bendras laikas: 17 MIN| Patiekti: 1

INGRIDIENTAI:

- 2 ekologiški kiaušiniai
- 1/3 puodelio riebios grietinėlės, geriausia ekologiškos
- ½ šaukštelio stevijos
- 2 šaukštai ekologiško sviesto
- 1/8 šaukštelio cinamono, malto

INSTRUKCIJOS:

- Nedideliame dubenyje išplakite kiaušinius, plakamą grietinėlę ir saldiklį.
- Keptuvėje ant vidutinės ugnies ištirpinkite ekologišką sviestą ir supilkite kiaušinių mišinį.
- Maišykite ir virkite, kol kiaušiniai pradės tirštėti, tada perkelkite į dubenį.
- Prieš patiekdami ant viršaus pabarstykite cinamonu.

MITYBA: Kalorijos 561 | Iš viso riebalų 53,6 g | Grynieji angliavandeniai: 6,4 g | Baltymai 15g)

18. „Zero-Belly" avižiniai dribsniai

Bendras **laikas** : 20 MIN| **Patiekimas: 5**

INGRIDIENTAI:

- 1/3 puodelio migdolų, susmulkintų
- 1/3 puodelio nesaldintų kokosų drožlių
- ¼ puodelio chia sėklų
- 2 šaukštai eritritolio
- ¼ puodelio kokoso, susmulkinto, nesaldinto
- 1 puodelis migdolų pieno
- 1 šaukštelis vanilės, be cukraus
- 10 lašų stevijos ekstrakto
- ½ puodelio riebios plaktos grietinėlės, plakta

INSTRUKCIJOS:

- Į puodą suberkite migdolus ir kokoso drožles ir paskrudinkite 3 minutes, kol pakvips.
- Sudėkite skrudintus ingredientus į dubenį kartu su chia sėklomis, eritritoliu ir susmulkintu kokosu; sumaišykite, kad susijungtumėte.
- Užpilame pienu ir išmaišome. Galite naudoti karštą arba šaltą pieną pagal savo skonį.
- Įpilkite vanilės ir stevijos, išmaišykite ir palikite 5-10 minučių.
- Patiekite su plakta grietinėle.

MITYBA: Kalorijos 277 | Iš viso riebalų 25,6 g | Grynieji angliavandeniai: 16,4 g | Baltymai 5,5 g | Skaidulos: 7,5 g)

19.Tešla padengtas Čederio sūris

Bendras laikas: 23 MIN| Patiekti: 1

INGRIDIENTAI:

- 1 didelis kiaušinis
- 2 riekelės Čedaro sūrio
- 1 šaukštelis maltų graikinių riešutų
- 1 šaukštelis maltų linų sėmenų
- 2 šaukšteliai migdolų miltų
- 1 šaukštelis kanapių sėklų
- 1 valgomasis šaukštas alyvuogių aliejaus
- Druska ir pipirai pagal skonį

INSTRUKCIJOS:

- Nedideliame dubenyje išplakite kiaušinį kartu su druska ir pipirais.
- Keptuvėje ant vidutinės ugnies įkaitinkite šaukštą alyvuogių aliejaus.
- Atskirame dubenyje sumaišykite maltas linų sėmenis su maltais graikiniais riešutais, kanapių sėklomis ir migdolų miltais.
- Aptepkite čederio skilteles kiaušinių mišiniu, tada apvoliokite sausame mišinyje ir kepkite sūrį apie 3 minutes iš kiekvienos pusės. Patiekite karštą.

MITYBA: Kalorijos 509 | Iš viso riebalų 16g | Grynieji angliavandeniai: 2g | Baltymai 21g)

20.Sūriai virti kiaušiniai

Bendras laikas: 27 MIN| Patiekimas: 2

INGRIDIENTAI:

- 3 kiaušiniai
- 2 šaukštai migdolų sviesto, nemaišant
- 2 šaukštai kreminio sūrio, suminkštinto
- 1 šaukštelis plaktos grietinėlės
- Druska ir pipirai pagal skonį

INSTRUKCIJOS:

- Nedideliame puode kietai išvirkite kiaušinius.
- Paruoštus kiaušinius nuplaukite šaltu vandeniu, nulupkite ir supjaustykite. Įdėkite kiaušinius į dubenį; įpilkite sviesto, grietinėlės sūrio ir išplakite grietinėlę.
- Gerai išmaišykite ir pagal skonį įberkite druskos ir pipirų. Tarnauti.

MITYBA: Kalorijos 212 | Iš viso riebalų 19g | Grynieji angliavandeniai: 0,75 g | Baltymai 7g)

21.Mahón kopūstų dešros omleto pyragas

Bendras laikas: 40 MIN| Patiekiama: 8)

INGRIDIENTAI:

- 3 vištienos dešrelės
- 2 1/2 puodelio grybų, supjaustytų
- 3 puodeliai šviežių špinatų
- 10 kiaušinių
- 1/2 šaukštelio juodųjų pipirų ir salierų sėklų
- 2 šaukšteliai karšto padažo
- 1 valgomasis šaukštas česnako miltelių
- Druska ir pipirai pagal skonį
- 1 1/2 puodelio Mahón sūrio (arba Čedaro)

INSTRUKCIJOS:

- Įkaitinkite orkaitę iki 400 F.
- Smulkiai supjaustykite grybus ir vištienos dešrą ir sudėkite į ketaus keptuvę. Virkite ant vidutinės-stiprios ugnies 2-3 minutes.
- Kol dešrelės kepa, susmulkinkite špinatus, tada į keptuvę suberkite špinatus ir grybus.
- Tuo tarpu dubenyje sumaišykite kiaušinius su juodaisiais pipirais ir salierų sėklomis, prieskoniais ir aštriu padažu. Visą mišinį gerai išplakti.
- Sumaišykite špinatus, grybus ir dešras, kad špinatai visiškai suvystų. Pagardinkite druska ir pipirais pagal skonį.
- Galiausiai ant viršaus suberkite sūrį.
- Supilkite kiaušinius ant mišinio ir gerai išmaišykite.
- Kelias sekundes maišykite mišinį, tada įdėkite keptuvę į orkaitę. Kepkite 10-12 minučių, tada kepkite viršų 4 minutes.

● Leiskite šiek tiek atvėsti, supjaustykite į 8 skilteles ir patiekite karštą.

MITYBA: Kalorijos 266 | Iš viso riebalų 17g | Grynieji angliavandeniai: 7g | Baltymai 19g)

22.Monterey Bacon-Scallions Omletas

Bendras laikas: 30 MIN| Patiekimas: 2

INGRIDIENTAI:

- 2 kiaušiniai
- 2 griežinėliai virtos šoninės
- 1/4 puodelio laiškinių svogūnų, susmulkintų
- 1/4 puodelio Monterey Jack sūrio
- Druska ir pipirai pagal skonį
- 1 šaukštelis taukų

INSTRUKCIJOS:

- Keptuvėje ant vidutinės-mažos ugnies įkaitinkite taukus. Įmuškite kiaušinius, laiškinius svogūnus, druską ir pipirus pagal skonį.
- Virkite 1-2 minutes; sudėkite šoninę ir patroškinkite 30–45 sekundes ilgiau. Išjunkite šilumą ant viryklės.
- Ant šoninės uždėkite sūrio. Tada paimkite du omleto kraštus ir užlenkite juos ant sūrio. Kurį laiką palaikykite kraštus, nes sūris turi iš dalies ištirpti. Tą patį padarykite su kitu kiaušiniu ir kurį laiką leiskite virti šiltoje keptuvėje.
- Patiekite karštą.

MITYBA: Kalorijos 321 | Iš viso riebalų 28g | Grynieji angliavandeniai: 1,62 g | Baltymai 14g)

Bendras laikas: 45 MIN| Porcijos: 16)

INGRIDIENTAI:
- 6 griežinėliai rūkytos kalakutienos šoninės
- 2 šaukštai sviesto
- 3 laiškiniai svogūnai
- 1/2 puodelio čederio sūrio
- 1 šaukštelis kepimo miltelių
- 1 1/2 puodelio kokoso pieno
- 5 kiaušiniai
- 1 1/2 šaukštelio Metamucil miltelių
- 1/2 stiklinės migdolų miltų
- 1/4 stiklinės linų sėmenų
- 1 šaukštelis malto česnako
- 2 šaukšteliai džiovintų petražolių
- 1/4 šaukštelio raudonojo čili miltelių
- 1 1/2 šaukštelio citrinos sulčių
- Druska ir pipirai pagal skonį
- 2 vidutiniai avokadai

INSTRUKCIJOS:
- Įkaitinkite orkaitę iki 350 F.
- Keptuvėje ant vidutinės-mažos ugnies apkepkite šoninę su sviestu iki traškumo. Suberkite svogūnus, sūrį ir kepimo miltelius.
- Dubenyje sumaišykite kokosų pieną, kiaušinius, Metamucil miltelius, migdolų miltus, linus, prieskonius ir citrinos sultis. Išjunkite šilumą ir leiskite atvėsti. Tada sutrupinkite šoninę ir supilkite visus riebalus į kiaušinių mišinį.
- Avokadą nuvalykite, supjaustykite ir supilkite į mišinį.

● Išmatuokite tešlą į keksiukų dėklą, kuris buvo išpurkštas arba suteptas neprideganču purškikliu, ir kepkite 25–26 minutes.

● Paruošę leiskite atvėsti ir patiekite karštą arba šaltą.

MITYBA: Kalorijos 184 | Iš viso riebalų 16g | Grynieji angliavandeniai: 5,51 g | Baltymai 5,89g)

24.Chorizo pusryčių pipirai

Bendras laikas: 25 MIN| Patiekimas: 2

INGRIDIENTAI:
- $\frac{1}{2}$ šaukštelio ghi
- 1 svogūnas, susmulkintas
- 2 skiltelės česnako
- 6 ekologiški kiaušiniai
- $\frac{1}{4}$ puodelio migdolų pieno, nesaldinto
- 1 puodelis čederio sūrio, susmulkintas
- Druska ir pipirai pagal skonį
- 3 didelės paprikos, perpjautos per pusę, pašalintos šerdis ir sėklos
- $\frac{1}{2}$ svaro aštri chorizo dešra, sutrupinta

INSTRUKCIJOS:
- Žiūrėkite aukščiau du 350 F.
- Nelipnioje keptuvėje ant vidutinės ugnies įkaitinkite ghi ir išvirkite chorizo trupinius. Atidėti
- Toje pačioje keptuvėje suberkite svogūnus ir česnaką ir pakepinkite kelias minutes. Išjunkite ugnį ir atidėkite į šalį.
- Dubenyje sumaišykite kiaušinius, pieną, čederį ir pagardinkite druska bei pipirais.
- Į dubenį su kiaušiniais sudėkite chorizo ir gerai išmaišykite.
- Sudėkite paprikos puseles į orkaitėje tinkamą indą, užpildytą $\frac{1}{4}$ colio vandens.
- Supilkite chorizo ir kiaušinių mišinį į paprikas ir įdėkite indą į orkaitę, kad keptumėte 35 minutes.
- Patiekite šiltą.

MITYBA: Kalorijos 631 | Iš viso riebalų 46g | Grynieji angliavandeniai: 13g | Baltymai 44g | ląsteliena: 3,5 g)

25.Kreminis šokoladas ir avokadų putėsiai

Bendras laikas: 50 MIN| Patiekimas: 2

INGRIDIENTAI:
- 2 prinokę avokadai
- 1/3 puodelio kakavos miltelių
- ½ šaukštelio chia sėklų
- 1 šaukštelis vanilės ekstrakto
- 10 lašų Stevie
- 3 šaukštai kokosų aliejaus

INSTRUKCIJOS:
- Sudėkite visus ingredientus į trintuvą ir plakite iki vientisos masės.
- Supilkite mišinį į dubenį ir padėkite į šaldytuvą 40 minučių ar ilgiau.
- Patiekite atšaldytą.

MITYBA: Kalorijos 462 | Iš viso riebalų 46g | Grynieji angliavandeniai: 15 g | Baltymai 6g | ląsteliena 1,2 g)

26.Grietinės sūrio blynai

Bendras laikas: 30 MIN| Patiekimas: 2

INGRIDIENTAI:
- 2 kiaušiniai
- 1/4 puodelio grietinėlės sūrio
- 1 valgomasis šaukštas kokosų miltų
- 1 šaukštelis malto imbiero
- 1/2 puodelio skysčio Stevie
- Kokosų aliejus
- Klevų sirupas be cukraus

INSTRUKCIJOS:
- Giliame dubenyje suplakite visus ingredientus iki vientisos masės.
- Įkaitinkite keptuvę su aliejumi ant vidutinio stiprumo. Supilkite tešlą ir supilkite karštą aliejų.
- Kepkite iš vienos pusės ir tada apverskite. Užpilkite klevų sirupu be cukraus ir patiekite.

MITYBA: Kalorijų 170 | Iš viso riebalų 13g | Grynieji angliavandeniai: 4g | Baltymai 6,90g)

27.Vezuvijaus kiaušinienė su Provolone

Bendras laikas: 15 MIN| Patiekimas: 2

INGRIDIENTAI:

- 2 dideli kiaušiniai
- 3/4 puodelio Provolone sūrio
- 1,76 uncijos. ore džiovintas saliamis
- 1 šaukštelis šviežio rozmarino (smulkinto)
- 1 valgomasis šaukštas alyvuogių aliejaus
- Druska ir pipirai pagal skonį
-

INSTRUKCIJOS:

- Nedidelėje keptuvėje su alyvuogių aliejumi pakepinkite susmulkintą saliamį.
- Tuo tarpu nedideliame dubenyje išplakite kiaušinius, tada įberkite druskos, pipirų ir šviežio rozmarino.
- Įpilkite provolono sūrio ir gerai išmaišykite šakute.
- Kiaušinių mišinį supilkite į keptuvę su saliamiu ir kepkite apie 5 minutes. Patiekite karštą.

MITYBA: Kalorijos 396 | Iš viso riebalų 32,4g | Grynieji angliavandeniai: 2,8 g | Baltymai 26,1g | ląsteliena: 0,3 g)

28.Žavingi moliūgų linų sėmenų bandelės

Bendras laikas: 25 MIN| Patiekimas: 2

INGRIDIENTAI:
- 1 kiaušinis
- 1 1/4 stiklinės linų sėmenų (maltų)
- 1 puodelis moliūgų tyrės
- 1 valgomasis šaukštas moliūgų pyrago prieskonių
- 2 šaukštai kokosų aliejaus
- 1/2 puodelio jūsų pasirinkto saldiklio
- 1 šaukštelis kepimo miltelių
- 2 šaukšteliai cinamono
- 1/2 šaukštelio obuolių sidro acto
- 1/2 šaukštelio vanilės ekstrakto
- Pasūdykite du raktus

INSTRUKCIJOS:
- Įkaitinkite orkaitę iki 360 F.
- Pirmiausia keletą sekundžių sumalkite linų sėmenis.
- Sudėkite visus sausus ingredientus ir išmaišykite.
- Tada supilkite moliūgų tyrę ir išmaišykite, kad susimaišytų.
- Įpilkite vanilės ekstrakto ir moliūgo prieskonių.
- Įpilkite kokosų aliejaus, kiaušinių ir obuolių acto. Įpilkite pasirinkto saldiklio ir vėl išmaišykite.
- Į kiekvieną išklotą bandelę ar keksiuką įpilkite po kupiną šaukštą tešlos ir užberkite šiek tiek moliūgų sėklų.
- Kepame apie 18-20 min. Patiekite karštą.

MITYBA: Kalorijos 43| Iš viso riebalų 5,34g | Grynieji angliavandeniai: 3g | Baltymai 1g | ląsteliena: 1 g)

Bendras laikas: 40 MIN| Patiekimas: 2

INGRIDIENTAI:
- 5 uncijos kumpio kubeliais
- 2 vidutiniai kiaušiniai
- 1 žalias svogūnas, smulkiai pjaustytas
- 1/2 puodelio kopūstų lapų, susmulkintų
- 1 česnako skiltelė, susmulkinta
- 1 žalias čili, smulkiai pjaustytas
- 4 paruoštos skrudintos paprikos
- Žiupsnelis kajeno pipirų
- 1 valgomasis šaukštas alyvuogių aliejaus
- 1/2 skardinės vandens

INSTRUKCIJOS:
- Įkaitinkite orkaitę iki 360 F.
- Nedidelėje orkaitėje atsparioje keptuvėje įkaitinkite aliejų. Įdėkite žalią svogūną ir kepkite 4-5 minutes, kol suminkštės.
- Įmaišykite česnaką ir čili ir pakepkite dar porą minučių.
- Įpilkite 1/2 puodelio vandens. Gerai pagardinkite ir įmaišykite paruoštas pakepintas paprikas bei kumpį. Užvirkite ir virkite 10 minučių.
- Sudėkite lapinius kopūstus, išmaišykite, kad suvystų.
- Nedideliame dubenyje išplakite kiaušinius su žiupsneliu kajeno ir supilkite į keptuvę kartu su kitais ingredientais.
- Keptuvę perkelkite į orkaitę ir kepkite 10 minučių.
- Patiekite karštą.

MITYBA: Kalorijos 251| Iš viso riebalų 15,74g | Grynieji angliavandeniai: 3,8 g | Baltymai 22g | ląsteliena: 0,8g)

30.Omletas su paprika ir kumpiu

Bendras laikas: 30 MIN| Patiekimas: 2

INGRIDIENTAI:
- 4 dideli kiaušiniai
- 1 puodelis žaliųjų pipirų, supjaustytų
- 1/4 svaro kumpio, virtas ir supjaustytas kubeliais
- 1 žalias svogūnas, supjaustytas kubeliais
- 1 šaukštelis kokosų aliejaus
- Druska ir šviežiai malti pipirai pagal skonį

INSTRUKCIJOS:
- Nuplaukite ir supjaustykite daržoves. Atidėti.
- Į nedidelį dubenį įmuškite kiaušinius. Atidėti.
- Ant vidutinės ugnies įkaitinkite nepridegančią keptuvę ir įpilkite kokosų aliejaus. Į keptuvę supilkite pusę išplaktų kiaušinių.
- Kai kiaušinis iš dalies sustings, pusę daržovių ir kumpio sudėkite į pusę omleto ir toliau kepkite, kol kiaušinis beveik visiškai sustings.
- Mentele užlenkite tuščią pusę ant kumpio ir daržovių viršaus.
- Virkite dar 2 minutes ir tada patiekite.
- Patiekite karštą.

MITYBA: Kalorijos 225,76 | Iš viso riebalų 12g | Grynieji angliavandeniai: 6,8 g | Baltymai 21,88g | skaidulos: 1,4g)

31.Chia miltų blynai

Bendras laikas: 25 MIN| Patiekti: 6

INGRIDIENTAI:

- 1 puodelis chia miltų
- 2 šaukšteliai jūsų pasirinkto saldiklio
- 1 kiaušinis, sumuštas
- 1 valgomasis šaukštas kokosų sviesto arba aliejaus
- 1/2 puodelio kokosų pieno (konservuotas)

INSTRUKCIJOS:

- Vidutiniame dubenyje sumaišykite miltus ir saldiklį. Įdėkite kiaušinį, pieną ir kokosų sviestą. Gerai išmaišykite, kol susidarys vientisa tešla.
- Nelipnią keptuvę ištepkite riebalais ir įkaitinkite ant vidutinės-stiprios ugnies. Ant karšto paviršiaus uždėkite kupiną šaukštą tešlos.
- Kai ant paplotėlių paviršiaus susidaro burbuliukai, mentele apverskite juos ir kepkite apie 2 minutes iš kiekvienos pusės.
- Patiekite karštą.

MITYBA: Kalorijos 59 | Iš viso riebalų 3,5 g | Grynieji angliavandeniai: 4,65 g | Baltymai 2,46g | ląsteliena: 1,78g)

32.Chocó Mocha Chia košė

Bendras laikas: 35 MIN| Patiekti: 6

INGRIDIENTAI:
- 3 šaukštai chia sėklų
- 1 puodelis migdolų pieno, nesaldinto
- 2 šaukšteliai kakavos miltelių
- 1/4 puodelio aviečių, šviežių arba šaldytų
- 2 šaukštai migdolų, maltų
- Jūsų pasirinktas saldiklis
-

INSTRUKCIJOS:
- Sumaišykite ir sumaišykite migdolų pieną ir kakavos miltelius.
- Į mišinį įpilkite Chia sėklų.
- Gerai išmaišykite šakute.
- Mišinį 30 minučių padėkite į šaldytuvą.
- Patiekite su avietėmis ir maltais migdolais ant viršaus (nebūtina)

MITYBA: Kalorijos 150,15 | Iš viso riebalų 9,62g | Grynieji angliavandeniai: 15,2 g | Baltymai 5,47g | ląsteliena: 11,28g)

33.Kava Linų sėmenų svajonių pusryčiai

Bendras laikas: 10 MIN| Patiekti: 1

INGRIDIENTAI:

- 3 šaukštai maltų linų sėmenų
- 2 1/2 šaukštelio kokoso drožlių, nesaldžių
- 1/2 puodelio stiprios juodos kavos, nesaldintos
- Jūsų pasirinktas saldiklis pagal skonį
- 1/2 puodelio vandens (nebūtina)
-

INSTRUKCIJOS:

- Dubenyje sumaišykite linų sėmenis ir kokoso drožles.
- Supilkite ištirpintą kokosų aliejų, užpilkite karštą kavą ir išmaišykite.
- Jei jis per tirštas, įpilkite šiek tiek vandens.
- Pabaigoje pagal skonį įpilkite pasirinkto saldiklio.

MITYBA: Kalorijos 246,43 | Iš viso riebalų 22,1g | Grynieji angliavandeniai: 1,52 g | Baltymai 1,48g | ląsteliena: 0,9 g)

Bendras laikas: 25 MIN| Patiekti: 6

INGRIDIENTAI:

- 14 crimini grybų, smulkiai pjaustytų
- 8 dideli kiaušiniai, kietai virti, susmulkinti
- 6 riekelės šoninės arba pancetos
- 1 svogūnas, supjaustytas kubeliais
- Druska ir malti juodieji pipirai pagal skonį

INSTRUKCIJOS:

- Keptuvėje kepkite šoninę. Keptuvėje palikite lašinių riebalų. Supjaustykite šoninės gabalėlius ir atidėkite į šalį.
- Giliame puode kietai išvirkite kiaušinius. Kai paruošite, nuplaukite, nuvalykite, nulupkite ir supjaustykite kąsnio dydžio gabalėliais.
- Keptuvėje ant vidutinės-stiprios ugnies pakepinkite svogūną su likusiais šoninės riebalais.
- Sudėkite Crimini grybus ir patroškinkite dar 5-6 minutes.
- Sumaišykite kiaušinius, šoninę ir virkite kartu. Pagal skonį pagardinkite druska ir maltais juodaisiais pipirais.
- Tarnauti.

MITYBA: Kalorijos 176,15 | Iš viso riebalų 13,38g | Grynieji angliavandeniai: 2,43 g | Baltymai 11,32g | ląsteliena: 1,5 g)

Bendras laikas: 25 MIN| Patiekimas: 2

INGRIDIENTAI:
- 5 kiaušinių baltymai
- 2 šaukštai migdolų pieno
- 1 cukinija, susmulkinta
- 1 puodelis špinatų lapų, šviežių
- 2 šaukštai svogūnų, susmulkintų
- 2 skiltelės česnako
- Alyvuogių aliejus
- Baziliko lapeliai, švieži, susmulkinti
- Druska ir malti juodieji pipirai pagal skonį

INSTRUKCIJOS:
- Nuplaukite ir supjaustykite daržoves
- Dubenyje išplakite kiaušinių baltymus ir migdolų pieną.
- Riebalais išteptoje keptuvėje su alyvuogių aliejumi pakepinkite daržoves (špinatus, cukinijas ir svogūną) vos vieną ar dvi minutes.
- Daržoves dėkite į šoną, keptuvę vėl patepkite alyvuogių aliejumi ir supilkite kiaušinius. Virkite, kol kiaušiniai sutvirtės. Sudėkite daržoves iš vienos pusės ir kepkite dar dvi minutes. Pagardinkite druska ir pipirais pagal skonį.
- Papuoškite baziliko lapeliais ir patiekite.

MITYBA: Kalorijos 70,8 | Iš viso riebalų 1,56 g | Grynieji angliavandeniai: 5,78 g | Baltymai 11,08g | ląsteliena: 1,58g)

UŽKANDŽIAI IR UŽKARŠIAI

36.Pancetta ir kiaušiniai

Bendras laikas: 25 MIN| Patiekimas: 4

INGRIDIENTAI:

- 4 dideli griežinėliai pancetta
- 2 kiaušiniai, laikomi laisvai
- 1 puodelis ghi, suminkštintas
- 2 šaukštai majonezo
- Druska ir šviežiai malti juodieji pipirai pagal skonį
- Kokosų aliejus kepimui

INSTRUKCIJOS:

- Riebalais pateptoje nepridegančioje keptuvėje apkepkite Pancetta iš abiejų pusių po 1-2 minutes. Nukelkite nuo ugnies ir atidėkite į šalį.
- Tuo tarpu išvirkite kiaušinius. Kad kiaušiniai išvirtų kietai, reikia maždaug 10 minučių. Baigę kiaušinius gerai nuplaukite šaltu vandeniu ir nulupkite lukštus.
- Sudėkite ghi į gilų dubenį ir įmuškite ketvirčiais supjaustytus kiaušinius. Gerai sutrinkite šakute. Pagal skonį pagardinkite druska ir pipirais; įpilkite majonezo ir išmaišykite. Jei norite, galite įpilti pancetta tepalo. Sumaišykite ir gerai išmaišykite. Įdėkite dubenį į šaldytuvą bent vienai valandai.
- Išimkite kiaušinių mišinį iš šaldytuvo ir suformuokite 4 vienodus rutuliukus.
- Pancetta sutrupinkite į mažus gabalėlius. Kiekvieną rutulį apvoliokite Pancetta trupiniuose ir padėkite ant didelės lėkštės.
- Išimkite Egg ir Pancetta bombas į šaldytuvą dar 30 minučių. Patiekite šaltą.

MITYBA: Kalorijos 238 | Iš viso riebalų 22g | Grynieji angliavandeniai: 0,5 g | Baltymai 7,5g)

37.„Zero-Belly Margherita" pica

Bendras laikas: 20 MIN| Patiekimas: 2

INGRIDIENTAI:
DĖL PLUTOS:
- 2 ekologiški kiaušiniai
- 2 šaukštai parmezano sūrio, tarkuoto
- 1 valgomasis šaukštas psyllium lukštų miltelių
- 1 šaukštelis itališkų prieskonių
- ½ šaukštelio druskos
- 2 šaukšteliai ghi

DĖL UŽDARŲ:
- 5 baziliko lapeliai, grubiai supjaustyti
- 2 uncijos. mocarelos sūris, supjaustytas
- 3 šaukštai natūralaus pomidorų padažo

INSTRUKCIJOS:
- Visus plutei skirtus ingredientus sudėkite į virtuvinį kombainą ir plakite, kol gerai susimaišys.
- Supilkite mišinį į karštą nepridegančią keptuvę ir pakreipkite, kad tešla pasiskirstytų.
- Kepkite, kol kraštai paruduos. Apverskite į kitą pusę ir kepkite dar 45 sekundes. Nukelkite nuo ugnies.
- Ant plutos ištepkite pomidorų padažą, ant viršaus uždėkite mocarelos ir baziliko lapelių ir dėkite į broilerį, kad sūris išsilydytų 2 minutėms.
- Tarnauti.

MITYBA: Kalorijos 459 | Iš viso riebalų 35g | Grynieji angliavandeniai: 3,5 g | Baltymai 27g)

38.Lengva, sūri pica

Bendras laikas: 35 MIN| Patiekimas: 3

INGRIDIENTAI:

- 2 sveiki kiaušiniai
- 1 puodelis čederio sūrio, tarkuoto
- 1 valgomasis šaukštas psyllium lukštų
- 3 šaukštai pesto padažo

INSTRUKCIJOS:

- Įkaitinkite orkaitę iki 350 F.
- Dubenyje sumaišykite kiaušinius ir sūrį kartu su psyllium luobele ir gerai išmaišykite.
- Masę dėkite ant kepimo popieriaus ir gana plonai paskleiskite. Pašaukite į orkaitę kepti 15-20 min. Nepamirškite jo stebėti, nes jis greitai paruduoja ir tampa traškus, palyginti su storiu, todėl neploninkite.
- Kai iškeps, išimkite iš orkaitės ir ant pagrindo dėkite ką tik norite, pavyzdžiui, pesto padažą ar pomidorų padažą.
- Uždenkite mėgstamais picos priedais, tokiais kaip šoninės griežinėliai, pepperoni vištiena, švieži pomidorai ir šviežias bazilikas.

MITYBA: Kalorijos 335 | Iš viso riebalų 27g | Grynieji angliavandeniai: 3,2 g | Baltymai 18g)

39.Zero-Belly Trio Queso Quesadilla

Bendras laikas: 20 MIN| Patiekti: 1

INGRIDIENTAI:
- $\frac{1}{4}$ puodelio pipirinio sūrio, susmulkinto
- $\frac{1}{4}$ puodelio aštraus čederio sūrio, susmulkinto
- 1 stiklinė mocarelos sūrio, sūrio
- 2 šaukštai kokosų miltų
- 1 ekologiškas kiaušinis
- $\frac{1}{2}$ šaukštelio česnako miltelių
- 1 valgomasis šaukštas migdolų pieno, nesaldintas

INSTRUKCIJOS:
- Nustatykite orkaitę iki 350 F.
- Mocarelą kepkite mikrobangų krosnelėje, kol ji pradės tirpti.
- Prieš suberdami kokosų miltus, kiaušinį, česnako miltelius ir pieną, leiskite mocarelai atvėsti.
- Gerai išmaišykite, kol pasieksite tešlą panašią konsistenciją.
- Tešlą dėkite tarp dviejų pergamentinių popierių ir iškočiokite.
- Nuimkite viršutinį pergamentinį popierių, perkelkite tešlą į kepimo skardą ir pašaukite į orkaitę 10 minučių.
- Išimkite iš orkaitės ir leiskite keletui minučių atvėsti, prieš apibarstydami sūriais ant pusės paruoštos tortilijos.
- Sulenkite per pusę ir vėl pašaukite į orkaitę kepti 5 minutes arba kol sūris išsilydys.

MITYBA: Kalorijos 977 | Iš viso riebalų 73g | Grynieji angliavandeniai: 12g | Baltymai 63g)

40.Šoninė ir sūris ištirpsta

Bendras laikas: 15 MIN| Patiekimas: 2

INGRIDIENTAI:
- 8 vnt mocarelos sūrio lazdelės
- 8 juostelės šoninės
- Alyvuogių aliejus kepimui

INSTRUKCIJOS:
- Įkaitinkite gruzdintuvą iki 350 F.
- Sūrio lazdelę apvyniokite viena šoninės juostele ir sutvirtinkite dantų krapštuku. Kartokite, kol sunaudosite visą šoninę ir sūrį.
- Sūrio lazdeles apkepkite gruzdintuvėje 3 minutes.
- Išimkite ir padėkite ant popierinio rankšluosčio.
- Patiekite su lapinėmis žaliomis salotomis ant šono.

MITYBA: Kalorijos 590 | Iš viso riebalų 50g | Grynieji angliavandeniai: 0g | Baltymai 34g)

41.BLT ritinys

Bendras laikas: 10 MIN| Patiekti: 1

INGRIDIENTAI:

- 4 lapai, romaninės salotos
- 4 šoninės juostelės, išvirtos ir sutrupintos
- 4 kalakutienos delikateso griežinėliai
- 1 puodelis vyšninių pomidorų perpjautų per pusę
- 2 šaukštai majonezo

INSTRUKCIJOS:

- Ant salotų lapų uždėkite kalakutienos griežinėlį.
- Kalakutienos griežinėlį aptepkite majonezu, o ant viršaus uždėkite vyšninius pomidorus ir šoninę.
- Susukite salotas ir sutvirtinkite dantų krapštuku.
- Patiekite iš karto.

MITYBA: Kalorijos 382 | Iš viso riebalų 38,5g | Grynieji angliavandeniai: 11,5 g | Baltymai 4,1g | ląsteliena 6,3g)

42.Portobello pica

Bendras laikas: 25 MIN| Patiekimas: 4

INGRIDIENTAI:
- 1 vidutinio dydžio pomidoras, supjaustytas
- ¼ puodelio baziliko, supjaustyto
- 20 pepperoni griežinėlių
- 4 Portobello grybų kepurėlės
- 4 uncijos mocarelos sūrio
- 6 šaukštai alyvuogių aliejaus
- Juodasis pipiras
- Druska

INSTRUKCIJOS:
- Išimkite grybų vidų ir išimkite mėsą, kad liktų lukštas.
- Grybus aptepkite puse aliejaus ir pagardinkite pipirais bei druska; kepkite 5 minutes, tada apverskite ir aptepkite aliejaus likučiais. Kepkite dar 5 minutes.
- Įdėkite pomidorą į lukšto vidų ir uždėkite baziliku, pipirus ir sūrį. Kepkite 4 minutes, kol sūris išsilydys.
- Patiekite šiltą.

MITYBA: Kalorijos 321 | Iš viso riebalų 31g | Grynieji angliavandeniai: 2,8 g | Baltymai 8,5g | skaidulos 1,3g)

43.Bazilikų ir pipirų pica

Bendras laikas: 30 MIN| Patiekimas: 2

INGRIDIENTAI:
PAGRINDUI:
- $\frac{1}{2}$ stiklinės migdolų miltų
- 2 šaukšteliai grietinėlės sūrio
- 1 kiaušinis
- $\frac{1}{2}$ šaukštelio druskos
- 6 uncijos mocarelos sūrio
- 2 šaukštai psyllium lukšto
- 2 šaukštai parmezano sūrio
- 1 šaukštelis itališkų prieskonių
- $\frac{1}{2}$ šaukštelio juodųjų pipirų

PRIDAIDUOMS:
- 1 vidutinio dydžio pomidoras, supjaustytas
- 2/3 paprikos, supjaustytos griežinėliais
- 4 uncijos čederio sūrio, susmulkintas
- $\frac{1}{4}$ puodelio pomidorų padažo
- 3 šaukštai baziliko, susmulkinto

INSTRUKCIJOS:
- Įkaitinkite orkaitę iki 400 F. Įdėkite mocarelą į mikrobangų krosnelėje tinkamą indą ir ištirpinkite 1 minutę, retkarčiais pamaišydami.
- Į ištirpintą mocarelą įpilkite grietinėlės sūrio ir sumaišykite.
- Dubenyje sumaišykite sausus pagrindo ingredientus, įmuškite kiaušinį ir išmaišykite. Sudėkite sūrio mišinį ir rankomis sumaišykite į tešlą.

- Iš tešlos suformuokite apskritimą, kepkite 10 minučių ir išimkite iš orkaitės. Ant viršaus uždėkite pomidorų padažą, pomidorą, baziliką, papriką ir čederio sūrį.
- Grąžinkite į orkaitę ir kepkite dar 10 minučių.
- Patiekite šiltą.

MITYBA: Kalorijos 410 | Iš viso riebalų 31,3g | Grynieji angliavandeniai: 5,3 g | Baltymai 24,8g | ląsteliena 5,8g)

PAUKŠTIENA

44.Vištienos pyragas

Bendras laikas: 30 MIN| Patiekimas: 5

INGRIDIENTAI:

- ½ svaro vištienos šlaunelių be kaulų, supjaustytų mažais gabalėliais
- 3,5 uncijos šoninės, susmulkintos
- 1 morka, susmulkinta
- ¼ puodelio petražolių, kapotų
- 1 puodelis riebios grietinėlės
- 2 svogūnų porai, susmulkinti
- 1 puodelis baltojo vyno
- 1 valgomasis šaukštas alyvuogių aliejaus
- Druska ir pipirai pagal skonį

DĖL PLUTOS

- 1 puodelis migdolų miltų
- 2 šaukštai vandens
- 1 valgomasis šaukštas stevijos
- 1½ šaukštelio sviesto
- ½ šaukštelio druskos

INSTRUKCIJOS:

- Pirmiausia paruoškite plutą, sumaišydami visus jos ingredientus. Atidėti.
- Keptuvėje ant vidutinės ugnies įkaitinkite alyvuogių aliejų. Suberkite susmulkintus porus ir išmaišykite. Perkelkite į lėkštę.
- Suberkite vištienos mėsą ir šoninę ir kepkite iki rudos spalvos ir suberkite porus.
- Sudėkite morkas ir supilkite baltąjį vyną, tada sumažinkite ugnį iki vidutinės.

● Suberkite petražoles ir gerai išmaišykite grietinę. Perkelkite į kepimo indą.

● Uždenkite paruošta plutele ir pašaukite į orkaitę kepti, kol pluta taps auksinės rudos spalvos ir taps traški.

● Prieš patiekdami leiskite pailsėti 20 minučių.

MITYBA: Kalorijos 396| Iš viso riebalų 33g | Grynieji angliavandeniai: 6,5 g | Baltymai 12,1g | ląsteliena: 2,5 g)

45.Klasikinė vištiena Parmigiana

Bendras laikas: 50 MIN| Patiekimas: 2

INGRIDIENTAI:

- 2 vnt vištienos šlaunelių be kaulų
- 8 juostelės šoninės, susmulkintos
- ½ puodelio parmezano sūrio, tarkuoto
- ½ puodelio mocarelos sūrio, susmulkinto
- 1 ekologiškas kiaušinis
- 1 konservuotas kubeliais pjaustytas pomidoras

INSTRUKCIJOS:

- Orkaitę nustatykite į 450 F.
- Vištieną suminkštinkite ir atidėkite.
- Į lėkštę sudėkite parmezano sūrį.
- Į dubenį įmuškite kiaušinį ir išplakite. Ir panardinkite į jį vištieną.
- Perkelkite į lėkštę su sūriu ir aptepkite vištieną parmezanu.
- Kepimo skardą ištepkite sviestu, dėkite vištienos šlauneles ir kepkite orkaitėje 30-40 min.
- Laukdami, kol iškeps vištiena, išvirkite šoninę.
- Pomidorus supilkite su šonine ir išmaišykite. Sumažinkite ugnį iki mažos ir leiskite užvirti ir sumažinkite.
- Išimkite vištieną iš orkaitės, kai ji bus paruošta ir užpilkite pomidorų padažu.
- Ant viršaus pabarstykite mocarela ir vėl pašaukite į orkaitę, kad sūris išsilydytų.
- Patiekite karštą.

MITYBA: Kalorijos 826 | Iš viso riebalų 50,3g | Grynieji angliavandeniai: 6,2 g | Baltymai 83,2g | skaidulos: 1,2g)

46.Kalakutienos kepsnys

Bendras laikas: 1 val. 20 min.| Patiekimas: 4

INGRIDIENTAI:
- 2 vnt kalakuto kojelės
- 2 šaukštai ghi

UŽ RUBĄ:
- $\frac{1}{4}$ šaukštelio kajeno
- $\frac{1}{2}$ šaukštelio čiobrelių, džiovintų
- $\frac{1}{2}$ šaukštelio ancho čili miltelių
- $\frac{1}{2}$ šaukštelio česnako miltelių
- $\frac{1}{2}$ šaukštelio svogūnų miltelių
- 1 šaukštelis skystų dūmų
- 1 šaukštelis Worcestershire
- Druska ir pipirai pagal skonį

INSTRUKCIJOS:
- Nustatykite orkaitę iki 350 F.
- Dubenyje sumaišykite visus įtrinimui skirtus ingredientus. Gerai išplakti.
- Nusausinkite kalakuto kojeles švariu rankšluosčiu ir gausiai įtrinkite prieskonių mišiniu.
- Įkaitinkite ghi ant vidutinio stiprios ugnies ketaus keptuvėje ir apkepkite kalakuto kojeles 2 minutes iš kiekvienos pusės.
- Įdėkite kalakutieną į orkaitę kepti vienai valandai.

MITYBA: Kalorijos 382 | Iš viso riebalų 22,5g | Grynieji angliavandeniai: 0,8 g | Baltymai 44g | ląsteliena: 0,0 g)

47.Lėtai virta graikiška vištiena

Bendras laikas: 7 val. 10 min.| Patiekimas: 4

INGRIDIENTAI:

- 4 vnt vištienos šlaunelių be kaulų
- 3 skiltelės česnako, susmulkintos
- 3 šaukštai citrinos sulčių
- 1 ½ stiklinės karšto vandens
- 2 kubeliai vištienos sultinio
- 3 šaukštai graikiško trinties

INSTRUKCIJOS:

- Padenkite lėtą viryklę virimo purkštuvu
- Vištieną pagardinkite graikišku trintuku, o po to – smulkintu česnaku.
- Perkelkite vištieną į lėtą viryklę ir apšlakstykite citrinos sultimis.
- Sutrupinkite vištienos kubelius ir sudėkite į lėtą viryklę. Supilkite vandenį ir išmaišykite.
- Uždenkite ir troškinkite ant silpnos ugnies 6-7 valandas.

MITYBA: Kalorijų 140 | Iš viso riebalų 5,7 g | Grynieji angliavandeniai: 2,2 g | Baltymai 18,6 g)

48.Kepta į šoninę suvyniota vištiena

Bendras laikas: 1 val. 25 min.| Patiekti: 6

INGRIDIENTAI:

- 1 visa paruošta vištiena
- 10 juostelių šoninės
- 3 šakelės šviežių čiobrelių
- 2 gabaliukai laimo
- Druska ir pipirai pagal skonį

INSTRUKCIJOS:

- Orkaitę nustatykite į 500 F.
- Kruopščiai nuplaukite vištieną ir įdarykite ją laimo ir čiobrelių šakelėmis.
- Pagardinkite vištieną druska ir pipirais, o tada apvyniokite vištieną su šonine.
- Dar kartą pagardinkite druska ir pipirais, tada padėkite ant kepimo skardos ant kepimo skardos (įsitikinkite, kad susigeria sultys) ir pašaukite į orkaitę 15 minučių.
- Sumažinkite temperatūrą iki 350 F ir kepkite dar 45 minutes.
- Išimkite vištieną iš orkaitės, uždenkite folija ir atidėkite 15 minučių.
- Paimkite sultis iš padėklo ir sudėkite į puodą. Užvirinkite ant stiprios ugnies ir naudokite panardinamąjį maišymą, kad sumaišytumėte visus „gerus dalykus" iš sulčių.
- Patiekite vištieną su padažu ant šono.

MITYBA: Kalorijos 375 | Iš viso riebalų 29,8g | Grynieji angliavandeniai: 2,4 g | Baltymai 24,5g | ląsteliena: 0,9 g)

49.Traški skrudinta vištiena

Bendras laikas: 60 MIN| Patiekimas: 4

INGRIDIENTAI:

- 4 vnt vištienos šlaunelių
- $\frac{1}{4}$ puodelio alyvuogių aliejaus
- 1 šaukštelis kario miltelių
- $\frac{1}{4}$ šaukštelio imbiero
- $\frac{1}{2}$ šaukštelio kmynų, maltų
- $\frac{1}{2}$ šaukštelio rūkytos paprikos
- $\frac{1}{2}$ šaukštelio česnako miltelių
- $\frac{1}{4}$ šaukštelio kajeno
- $\frac{1}{4}$ šaukštelio kvapiųjų pipirų
- $\frac{1}{4}$ šaukštelio čili miltelių
- Žiupsnelis kalendros, maltos
- Žiupsnelis cinamono
- Žiupsnelis kardamono
- $\frac{1}{2}$ šaukštelio druskos

INSTRUKCIJOS:

- Nustatykite orkaitę iki 425 F.
- Sumaišykite visus prieskonius.
- Kepimo skardą išklokite folija ir ant jos padėkite vištieną.
- Vištieną apšlakstykite alyvuogių aliejumi ir patrinkite.
- Ant viršaus pabarstykite prieskonių mišinį ir vėl patrinkite, būtinai aptepkite vištieną prieskoniais.
- Pašaukite į orkaitę kepti 50 minučių.
- Prieš patiekdami leiskite pailsėti 5 minutes.

MITYBA: Kalorijos 277 | Iš viso riebalų 19,9 g | Grynieji angliavandeniai: 0,6 g | Baltymai 42,3g)

50.Tobuli kepti vištienos sparneliai

Bendras laikas: 40 MIN| Patiekimas: 2

INGRIDIENTAI:

- 2,5 svaro vištienos sparnelių
- ½ šaukštelio kepimo sodos
- 1 šaukštelis kepimo miltelių
- Pasūdykite du raktus
- 4 šaukštai sviesto, lydyto

INSTRUKCIJOS:

- Sudėkite visus ingredientus (išskyrus sviestą) į Ziploc maišelį ir suplakite, įsitikinkite, kad sparneliai yra padengti mišiniu.
- Padėkite į šaldytuvą nakčiai.
- Kai būsite pasiruošę gaminti, nustatykite orkaitę iki 450 F.
- Padėkite sparnelius ant kepimo skardos ir kepkite orkaitėje 20 minučių.
- Apverskite sparnelius ir kepkite dar 15 minučių.
- Ištirpinkite sviestą ir apšlakstykite sparnelius.

MITYBA: Kalorijų 500 | Iš viso riebalų 0,0g | Grynieji angliavandeniai: 38,8 g | Baltymai 44g | skaidulos: 34g)

51.Vištiena Kung Pao padaže

Bendras laikas: 25 MIN| Patiekimas: 2

INGRIDIENTAI:
- 2 vištienos šlaunelės be kaulų, supjaustytos mažesniais gabalėliais
- ½ žaliosios paprikos, susmulkintos
- 2 vnt laiškiniai svogūnai, plonais griežinėliais
- ¼ puodelio susmulkintų žemės riešutų
- 1 šaukštelis imbiero, tarkuoto
- ½ šaukštelio raudonųjų čili dribsnių
- Druska ir pipirai pagal skonį

PADAŽUI:
- 2 šaukšteliai ryžių vyno acto
- 1 valgomasis šaukštas Zero-Belly kečupo
- 2 šaukštai čili česnako pastos
- 1 valgomasis šaukštas mažai natrio turinčio sojos padažo
- 2 šaukšteliai sezamo aliejaus
- 2 šaukšteliai skystos stevijos
- ½ šaukštelio klevų sirupo

INSTRUKCIJOS:
- Vištieną pagardinkite druska, pipirais ir tarkuotu imbieru.
- Padėkite ketaus keptuvę ant vidutinio stiprios ugnies ir įkaitinkite vištieną. Virkite 10 minučių.
- Visus padažui skirtus ingredientus išplakti dubenyje, kol iškeps vištiena.
- Į keptuvę su vištiena suberkite žaliąją papriką, svogūnus ir žemės riešutus ir kepkite dar 4-5 minutes.

● Supilkite padažą į keptuvę, išmaišykite ir leiskite užvirti.

MITYBA: Kalorijos 362 | Iš viso riebalų 27,4g | Grynieji angliavandeniai: 3,2 g | Baltymai 22,3g)

52.Vištienos BBQ pica

Bendras laikas: 20 MIN| Patiekimas: 4

INGRIDIENTAI:

- 1 puodelis keptos vištienos, susmulkintos
- 4 šaukštai BBQ padažo
- ½ puodelio čederio sūrio
- 1 valgomasis šaukštas majonezo
- 4 šaukštai natūralaus pomidorų padažo

PICZOS PLUTELEI

- 6 šaukštai parmezano sūrio, tarkuoto
- 6 ekologiški kiaušiniai
- 3 šaukštai psyllium lukštų miltelių
- 2 šaukšteliai itališkų prieskonių
- Druska ir pipirai pagal skonį

INSTRUKCIJOS:

- Žiūrėkite aukščiau du 425 F.
- Visus plutei skirtus ingredientus sudėkite į virtuvinį kombainą ir plakite, kol gausite tirštą tešlą.
- Suformuokite picos tešlą ir pašaukite į orkaitę kepti 10 minučių.
- Iškepusią plutą aptepkite pomidorų padažu, po to vištiena, sūriu, ant viršaus užpilkite BBQ padažo ir majonezo.

MITYBA: Kalorijos 357 | Iš viso riebalų 24,5g | Grynieji angliavandeniai: 2,9 g | Baltymai 24,5 g)

53.Lėtai virta vištiena Masala

Bendras laikas: 3 HR 10 MIN| Patiekimas: 2

INGRIDIENTAI:

- 1 ½ svaro. vištienos šlaunelių be kaulų, supjaustytų mažais gabalėliais
- 2 skiltelės česnako
- 1 šaukštelis imbiero, tarkuoto
- 1 šaukštelis svogūnų miltelių
- 3 šaukštai masala
- 1 šaukštelis paprikos
- 2 šaukšteliai druskos
- ½ puodelio kokosų pieno (padalinta į 2)
- 2 šaukštai pomidorų pastos
- ½ puodelio kubeliais pjaustytų pomidorų
- 2 šaukštai alyvuogių aliejaus
- ½ puodelio riebios grietinėlės
- 1 arbatinis šaukštelis stevijos
- Šviežia kalendra papuošimui

INSTRUKCIJOS:

- Pirmiausia įdėkite vištieną į lėtą viryklę. Suberkite tarkuotą imbierą, česnaką ir likusius prieskonius. Išmaišykite.
- Toliau sudėkite pomidorų pastą ir kubeliais pjaustytus pomidorus ir vėl išmaišykite.
- Supilkite ½ kokosų pieno ir išmaišykite, tada virkite ant aukštos temperatūros 3 valandas.
- Baigę virti, supilkite likusį kokosų pieną, riebią grietinėlę, steviją ir vėl išmaišykite.
- Patiekite karštą,

MITYBA: Kalorijos 493 | Iš viso riebalų 41,2g | Grynieji angliavandeniai: 5,8 g | Baltymai 26g)

54.Kepta sviestu patepta vištiena

Bendras laikas: 1 val. 10 min.| Patiekimas: 2

INGRIDIENTAI:

- 4 vnt vištienos šlaunelių
- $\frac{1}{4}$ puodelio minkštinto ekologiško sviesto
- 1 šaukštelis rozmarinas, džiovintas
- 1 šaukštelis bazilikas, džiovintas
- $\frac{1}{2}$ šaukštelio druskos
- $\frac{1}{2}$ šaukštelio pipirų

INSTRUKCIJOS:

- Žiūrėkite aukščiau du 350 F.
- Visus ingredientus (išskyrus vištieną) išplakti dubenyje.
- Vištienos šlauneles dėkite ant kepimo skardos, išklotos folija ir gausiai ištepkite sviesto mišiniu.
- Vištieną dedame į orkaitę kepti valandai.
- Patiekite šiltą.

MITYBA: Kalorijos 735 | Iš viso riebalų 33,7g | Grynieji angliavandeniai: 0,8 g | Baltymai 101,8 g)

INGRIDIENTAI:
VIŠTAI:
- 3 Vištienos krūtinėlės
- 1 puodelis Mozzarella sūrio
- Druska
- Juodasis pipiras

DANGIAI:
- ¼ puodelio linų sėmenų miltų
- 1 šaukštelis raudonėlio
- ½ šaukštelio juodųjų pipirų
- ½ šaukštelio česnako miltelių
- 1 Kiaušinis
- 2,5 uncijos kiaulienos žievelės
- ½ puodelio parmezano sūrio
- ½ šaukštelio druskos
- ¼ šaukštelio raudonųjų pipirų dribsnių
- 2 šaukšteliai paprika
- 1 ½ šaukštelio vištienos sultinio

PADAŽUI:
- 1 puodelis pomidorų padažo, mažai angliavandenių
- 2 česnako skiltelės
- Druska
- ½ stiklinės alyvuogių aliejaus
- ½ šaukštelio raudonėlio
- Juodasis pipiras

INSTRUKCIJOS:
- Į kombainą suberkite linų miltus, prieskonius, kiaulienos žieves ir parmezano sūrį ir sumalkite, kol susimaišys.

● Supjaustykite vištienos krūtinėlę ir išplakite kiaušinį su sultiniu inde. Visus padažui skirtus ingredientus sudėkite į keptuvę, išmaišykite ir padėkite ant nedidelės ugnies virti.

● Vištieną pamirkykite kiaušinyje ir aptepkite sausu mišiniu.

● Keptuvėje įkaitinkite aliejų ir apkepkite vištieną, tada perkelkite į troškinimo indą. Viršų aptepkite padažu ir mocarela ir kepkite 10 min.

MITYBA: Kalorijos 646 | Iš viso riebalų 46,8g | Grynieji angliavandeniai: 4g | Baltymai 49,3 g | Skaidulos 2,8 g)

JŪROS gėrybės

56.Saldžiarūgštis Snapper

Bendras laikas: 20 MIN| Patiekimas: 2

INGRIDIENTAI:
- 4 snaperio filė
- $\frac{1}{4}$ puodelio šviežios kalendros, susmulkintos
- 4 šaukštai laimo sulčių
- 6 vnt ličiai, supjaustyti
- 2 šaukštai alyvuogių aliejaus
- Druska ir pipirai pagal skonį

INSTRUKCIJOS:
- Pagardinkite filė druska ir pipirais.
- Keptuvėje ant vidutinės ugnies įkaitinkite alyvuogių aliejų ir kepkite po 4 minutes iš kiekvienos pusės.
- Žuvį apšlakstykite laimo sultimis; suberkite kalendrą ir griežinėliais supjaustytus ličius.
- Sumažinkite ugnį iki minimumo ir leiskite virti dar 5 minutes.
- Perkelkite į serviravimo lėkštę ir skanaukite.

MITYBA: Kalorijos 244 | Iš viso riebalų 15,4g | Grynieji angliavandeniai: 0,1 g | Baltymai 27,9 g)

57.Kreminis juodadėmės menkės

Bendras laikas: 20 MIN| Patiekimas: 2

INGRIDIENTAI:

- 5,3 uncijos rūkytos juodadėmės menkės
- 1/2 verdančio vandens
- 1 valgomasis šaukštas sviesto
- $\frac{1}{4}$ puodelio grietinėlės
- 2 puodeliai špinatų

INSTRUKCIJOS:

- Įkaitinkite puodą ant vidutinės ugnies.
- Dubenyje sumaišykite verdantį vandenį su grietinėle ir sviestu.
- Į keptuvę sudėkite juodadėmę menką ir padažą ir palikite virti, kol vanduo išgaruos, palikdamas kreminį sviestinį padažą.
- Patiekite juodadėmių menkių, užpiltų padažu ant šviežių arba suvytusių špinatų.

MITYBA: Kalorijos 281 | Iš viso riebalų 10g | Grynieji angliavandeniai: 15 g | Baltymai 18g)

58.Keptuvėje keptas lydekas

Bendras laikas: 15 MIN| Patiekti: 1

INGRIDIENTAI:

- 1 valgomasis šaukštas alyvuogių aliejaus
- Druska ir pipirai pagal skonį
- 1 Supjaustykite filė
- Šviežios citrinos skiltelės

INSTRUKCIJOS:

- Didelėje keptuvėje ant vidutinės-stiprios ugnies įkaitinkite alyvuogių aliejų.
- Išdžiovinkite žuvį virtuviniu popieriniu rankšluosčiu ir iš abiejų pusių pagardinkite druska ir pipirais.
- Kepkite žuvis maždaug 4–5 minutes iš kiekvienos pusės, priklausomai nuo jų storio, arba tol, kol pasidarys auksinė plutelė ir šakute lengvai išsiskirs minkštimas.

MITYBA: Kalorijų 170 | Iš viso riebalų 8g | Grynieji angliavandeniai: 7 g | Baltymai 18g)

59.Pesto ir migdolų lašiša

Bendras laikas: 15 MIN| Patiekimas: 2

INGRIDIENTAI:
- 1 česnako skiltelė
- ½ citrinos
- ½ šaukštelio petražolių
- 2 Vš Sviesto
- Saujelė Frisée
- 1 šaukštas alyvuogių aliejaus
- ¼ puodelio migdolų
- ½ šaukštelio Himalajų druskos
- 12 uncijų. Lašišos filė
- ½ askaloniniai česnakai

INSTRUKCIJOS:
- Į trintuvą įpilkite migdolų, česnako ir alyvuogių aliejaus ir plakite, kol mišinys taps pasta. Į mišinį įpilkite petražolių, druskos ir išspauskite citrinos sultis ir atidėkite, kol prireiks.
- Lašišą pagardinkite pipirais ir druska.
- Keptuvėje įkaitinkite aliejų ir įdėkite lašišos odelę į puodą ir kepkite 3 minutes iš kiekvienos pusės.
- Į keptuvę įpilkite sviesto ir kaitinkite, kol ištirps; žuvį aptepkite sviestu ir nukelkite nuo ugnies.
- Lašišą patiekite su frisée ir pesto.

MITYBA: Kalorijos 610 | Iš viso riebalų 47g | Grynieji angliavandeniai: 6 g | Baltymai 38g | Skaidulos: 1g)

60.Laimo avokado lašiša

Bendras laikas: 25 MIN| Patiekimas: 2

INGRIDIENTAI:

- 1 avokadas
- 2 šaukštai raudonųjų svogūnų (smulkintų)
- ½ puodelio žiedinių kopūstų
- 12 uncijų. Lašišos filė (2)
- ½ kalkių

INSTRUKCIJOS:

- Įdėkite žiedinį kopūstą į trintuvą ir plakite, kol tekstūra taps panaši į ryžių tekstūrą.
- Keptuvę ištepkite purškikliu ir suberkite į keptuvę ryžius, virkite 8 minutes uždengę dangtį.
- Likusius ingredientus, išskyrus žuvį, sudėkite į virtuvinį kombainą ir plakite iki kreminės ir vientisos masės.
- Kitoje keptuvėje įkaitinkite pasirinktą aliejų ir sudėkite filė su oda žemyn į puodą. Virkite 5 minutes ir pagal skonį įberkite pipirų ir druskos. Apverskite ir kepkite dar 5 minutes.
- Lašišą patiekite su žiediniais kopūstais ir užpilkite avokadų padažu.

MITYBA: Kalorijos 420 | Iš viso riebalų 27g | Grynieji angliavandeniai: 5g | Baltymai 37 g | Skaidulos: 0,5 g)

61.Glazūruota sezamo imbiero lašiša

Bendras laikas: 40 MIN| Patiekimas: 2

INGRIDIENTAI:
- 2 šaukštai sojos padažo
- 1 valgomasis šaukštas ryžių vyno actas
- 2 šaukšteliai česnako, tarkuoto
- 1 valgomasis šaukštas kečupo
- 10oz lašišos filė
- 2 šaukšteliai sezamo aliejaus
- 1 šaukštelis imbieras, supjaustytas kubeliais
- 1 valgomasis šaukštas Žuvies padažas
- 2 šaukštai baltojo vyno

INSTRUKCIJOS:
- Dubenyje sumaišykite sojos padažą, actą, česnaką, imbierą ir žuvies padažą ir įpilkite lašišos. Marinuoti 15 minučių.
- Keptuvėje įkaitinkite sezamo aliejų iki rūkymo, tada į keptuvę sudėkite žuvį su oda. Virkite 4 minutes, tada apverskite ir kepkite dar 4 minutes arba kol iškeps.
- Į puodą įpilkite marinato ir virkite 4 minutes, išimkite iš puodo ir atidėkite.
- Į padažą supilkite baltą ir kečupą ir virkite 5 minutes, kol sumažės.
- Patiekite žuvį su padažu.

MITYBA: Kalorijos 370 | Iš viso riebalų 23,5g | Grynieji angliavandeniai: 2,5 g | Baltymai 33g)

62.Sviestinės krevetės

Bendras laikas: 25 MIN| Patiekimas: 3

INGRIDIENTAI:
PLAKŠTOMS KRETETĖMS:
- 2 šaukštai migdolų miltų
- $\frac{1}{4}$ šaukštelio kario miltelių
- 1 Kiaušinis
- 3 šaukštai kokosų aliejaus
- 0,5 uncijos Parmigiano-Reggiano
- $\frac{1}{2}$ šaukštelio kepimo miltelių
- 1 valgomasis šaukštas Vanduo
- 12 vidutinių krevečių

Sviesto padažui:
- $\frac{1}{2}$ svogūno, supjaustyto
- 2 tajų čili, susmulkinti
- $\frac{1}{2}$ puodelio riebios grietinėlės
- Druska
- 2 šaukštai sviesto, nesūdyto
- 1 česnako skiltelė, pjaustyta
- 2 šaukštai kario lapelių
- 0,3 uncijos subrendęs čederis
- Juodasis pipiras
- 1/8 šaukštelio sezamo sėklų

INSTRUKCIJOS:
- Nulupkite ir nulupkite krevetes; išdžiovinkite krevetes popieriniu rankšluosčiu.
- Sumaišykite visus sausus tešlos ingredientus, tada įpilkite vandens ir kiaušinio ir gerai išmaišykite, kad susimaišytų.

● Keptuvėje įkaitinkite kokosų aliejų, pamerkite krevetes į tešlą ir kepkite iki auksinės spalvos. Išimkite iš puodo ir padėkite į šalį atvėsti.

● Kitame puode ištirpinkite sviestą ir pakepinkite svogūną, kol apskrus. Įpilkite kario lapelių, čili ir česnako ir virkite 3 minutes arba kol taps aromatingi.

● Sumažinkite ugnį ir supilkite grietinėlę bei čėderį, virkite, kol padažas sutirštės. Įdėkite krevetes ir išmeskite, kad padengtumėte.

● Patiekite užbarstę sezamo sėklomis.

MITYBA: Kalorijos 570 | Iš viso riebalų 56,2g | Grynieji angliavandeniai: 18,4 g | Baltymai 4,3g | ląsteliena 1,4g)

63.„Zero Belly Friendly" suši

Bendras laikas: 25 MIN| Patiekimas: 3

INGRIDIENTAI:

- 16 uncijų žiedinių kopūstų
- 2 šaukštai ryžių acto, be prieskonių
- 5 lapai Nori
- ½ avokado, supjaustyto
- 6 uncijos grietinėlės sūrio, suminkštintas
- 1 valgomasis šaukštas sojos padažo
- Agurkas
- 5 uncijos rūkytos lašišos

INSTRUKCIJOS:

- Įdėkite žiedinį kopūstą į virtuvinį kombainą ir plakite, kol pasieksite ryžius primenančią konsistenciją.
- Nupjaukite kiekvieną agurko galą ir supjaustykite kiekvieną pusę, išmeskite centrą ir supjaustykite šonus juostelėmis. Dėti į šaldytuvą, kol prireiks.
- Įkaitinkite keptuvę ir supilkite žiedinį kopūstą ir sojos padažą. Virkite 5 minutes arba kol visiškai iškeps ir šiek tiek išdžius.
- Supilkite žiedinius kopūstus į dubenį kartu su actu ir sūriu, sumaišykite ir padėkite į šaldytuvą, kol atvės. Supjaustykite avokadą ir atidėkite į šalį.
- Uždenkite bambukinį volelį plastikine plėvele, padėkite nori lakštą, ant viršaus uždėkite virtų žiedinių kopūstų, lašišos, agurkų ir avokadų. Susukite ir supjaustykite.
- Tarnauti.

MITYBA: Kalorijos 353 | Iš viso riebalų 25,7g | Grynieji angliavandeniai: 5,7 g | Baltymai 18,32g | skaidulos: 8g)

64.Idaryti avokadai su tunu

Bendras laikas: 20 MIN| Patiekimas: 4

INGRIDIENTAI:

- 2 prinokę avokadai, perpjauti per pusę ir be kauliukų
- 1 skardinė (15 oz.) kieto balto tuno, supakuota į vandenį, nusausinta
- 2 šaukštai majonezo
- 3 žalieji svogūnai, plonais griežinėliais
- 1 šaukštas kajeno pipirų
- 1 raudona paprika, susmulkinta
- 1 šaukštelis balzamiko acto
- 1 žiupsnelis česnako druskos ir juodųjų pipirų pagal skonį
-

INSTRUKCIJOS:

- Dubenyje sumaišykite tuną, majonezą, kajeno pipirus, žaliuosius svogūnus, raudonąją papriką ir balzamiko actą.
- Pagardinkite pipirais ir druska, o avokado puseles supakuokite su tuno mišiniu.
- Pasiruošę! Patiekite ir mėgaukitės!

MITYBA: Kalorijos 233,3| Iš viso riebalų 17,77g | Grynieji angliavandeniai: 9,69 g | Baltymai 7,41g | ląsteliena: 6,98g)

65.Žolelių kepta lašišos filė

Bendras laikas: 35 MIN| Patiekti: 6

INGRIDIENTAI:

- 2 svarai. lašišos filė
- 1/2 puodelio kapotų šviežių grybų
- 1/2 puodelio pjaustytų žaliųjų svogūnų
- 4 uncijos. sviesto
- 4 šaukštai kokosų aliejaus
- 1/2 puodelio tamari sojų padažo
- 1 šaukštelis malto česnako
- 1/4 šaukštelio čiobrelių
- 1/2 šaukštelio rozmarino
- 1/4 šaukštelio peletrūno
- 1/2 šaukštelio malto imbiero
- 1/2 šaukštelio baziliko
- 1 šaukštelis raudonėlio lapų

INSTRUKCIJOS:

- Įkaitinkite orkaitę iki 350 laipsnių F. Didelę kepimo skardą išklokite folija.
- Lašišos filė supjaustykite gabalėliais. Įdėkite lašišą į Ziploc maišelį su tamari padažu, sezamo aliejumi ir prieskonių padažo mišiniu. Lašišą šaldykite šaldytuve ir marinuokite 4 valandas.
- Lašišą dėkite į kepimo skardą ir kepkite filė 10-15 minučių.
- Ištirpinkite sviestą. Suberkite į jį susmulkintus šviežius grybus ir žalią svogūną ir išmaišykite. Išimkite lašišą iš orkaitės ir supilkite sviesto mišinį ant lašišos filė, įsitikinkite, kad kiekviena filė padengta.
- Kepkite dar apie 10 minučių. Patiekite iš karto.

MITYBA: Kalorijos 449 | Iš viso riebalų 34g | Grynieji angliavandeniai: 2,7 g | Baltymai 33g | ląsteliena 0,7 g)

Bendras laikas: 20 MIN| Patiekimas: 2

INGRIDIENTAI:
- ½ stiklinės graikinių riešutų
- ½ šaukštelio Dižono garstyčių
- 6 uncijos lašišos filė
- Druska
- 2 šaukštai klevų sirupo, be cukraus
- ¼ šaukštelio krapų
- 1 valgomasis šaukštas alyvuogių aliejaus

INSTRUKCIJOS:
- Žiūrėkite aukščiau du 350 F.
- Įdėkite garstyčias, sirupą ir graikinius riešutus į trintuvą ir plakite, kol mišinys taps pasta.
- Puode įkaitinkite aliejų ir dėkite odele žemyn į keptuvę ir kepkite 3 minutes.
- Ant viršaus užpilkite graikinių riešutų mišinio ir sudėkite į išklotą kepimo formą,
- Kepame 8 minutes.
- Tarnauti.

MITYBA: Kalorijos 373 | Iš viso riebalų 43g | Grynieji angliavandeniai: 3g | Baltymai 20g | ląsteliena 1g)

Bendras laikas: 30 MIN| Patiekimas: 2

INGRIDIENTAI:
- 2 vnt lašišos filė
- Glajui:
- 1 valgomasis šaukštas saldžių garstyčių
- 1 valgomasis šaukštas Dižono garstyčių
- 1 valgomasis šaukštas citrinos sulčių
- ½ šaukštelio čili dribsnių
- 1 šaukštelis šalavijas
- Pasūdykite du raktus
- 1 valgomasis šaukštas alyvuogių aliejaus

INSTRUKCIJOS:
- Nustatykite orkaitę iki 350 F.
- Dubenyje išplakti visus glajui skirtus ingredientus.
- Lašišos filė dėkite ant kepimo popieriumi išklotos skardos ir aptepkite lašišos filė glaistu.
- Pašaukite į orkaitę kepti 20 minučių. Patiekite šiltą.

MITYBA: Kalorijos 379 | Iš viso riebalų 24,9 g | Grynieji angliavandeniai: 4,3 g | Baltymai 35,5 g)

68.Lašišos mėsainiai

Bendras laikas: 20 MIN| Patiekimas: 4

INGRIDIENTAI:

- 1 14 uncijų gali išvirti lašišos dribsnius vandenyje
- 2 ekologiški kiaušiniai
- 1 puodelis džiūvėsėlių be glitimo
- 1 mažas svogūnas, susmulkintas
- 1 valgomasis šaukštas šviežių petražolių, kapotų
- 3 šaukštai majonezo
- 2 šaukšteliai citrinos sulčių
- Pasūdykite du raktus
- 1 valgomasis šaukštas alyvuogių aliejaus
- 1 valgomasis šaukštas ghi

INSTRUKCIJOS:

- Į dubenį įmuškite kiaušinius ir rankiniu mikseriu išplakite iki purumo.
- Į dubenį su kiaušiniu suberkite duonos trupinius ir gerai išmaišykite.
- Sudėkite svogūnus, petražoles, majonezą ir vėl išmaišykite.
- Suberkite lašišos dribsnius, apšlakstykite citrinos sultimis ir alyvuogių aliejumi. Pagardinkite druska ir vėl išmaišykite.
- Padalinkite mišinį į 4 dalis ir rankomis suformuokite paplotėlius.
- Įkaitinkite ghi ketaus keptuvėje ant vidutinio stiprios ugnies ir kepkite pyragėlius iki auksinės rudos spalvos.
- Patiekite su salotomis ant šono.

MITYBA: Kalorijos 281 | Iš viso riebalų 25,2g | Grynieji angliavandeniai: 9,1 g | Baltymai 6,2g | ląsteliena 0,8g)

SRIUBOS IR TROŠKIAI

69.Rozmarino česnako jautienos troškinys

Bendras laikas: 4 val. 20 min.| Patiekiama: 8)

INGRIDIENTAI:
- 4 vidutinės morkos, supjaustytos
- 4 saliero lazdelės, supjaustytos
- 1 vidutinio dydžio svogūnas, supjaustytas kubeliais
- 2 šaukštai alyvuogių aliejaus
- 4 česnako skiltelės, susmulkintos
- 1,5 svaro jautienos troškintos mėsos (blauzdų arba čiužinių)
- Druskos ir pipirų
- $\frac{1}{4}$ puodelio migdolų miltų
- 2 puodeliai jautienos sultinio
- 2 šaukštai Dižono garstyčių
- 1 valgomasis šaukštas Vusterio padažo
- 1 valgomasis šaukštas sojos padažo
- 1 valgomasis šaukštas ksilitolio
- $\frac{1}{2}$ šaukštelio džiovinto rozmarino
- $\frac{1}{2}$ šaukštelio čiobrelių

INSTRUKCIJOS:
- Į lėtą viryklę sudėkite svogūną, morkas ir salierą.
- Į didelį dubenį sudėkite troškintą mėsą ir pagardinkite pipirais bei druska.
- Suberkite migdolų miltus ir išmaišykite mėsą, kol ji gerai apskrus.
- Įkaitintame aliejuje pakepinkite česnaką apie minutę.
- Į keptuvę suberkite pagardintą mėsą ir visus miltus iš dubens dugno.
- Kepkite mėsą nemaišydami keletą minučių, kad viena pusė apskrustų.

- Apverskite ir kartokite, kol visos jautienos pusės paruduos.
- Į lėtą viryklę sudėkite apskrudusią jautieną ir išmaišykite, kad susimaišytų su daržovėmis.
- Į keptuvę įpilkite jautienos sultinio, Dižono garstyčių, Vusterio padažo, sojos padažo, ksilitolio, čiobrelių ir rozmarino.
- Išmaišykite, kad visi ingredientai susimaišytų, ir ištirpinkite apskrudusius gabaliukus iš keptuvės dugno.
- Kai viskas ištirps, lėtoje viryklėje supilkite padažą ant ingredientų.
- Uždenkite lėtą viryklę dangčiu ir virkite aukštoje temperatūroje keturias valandas.
- Iškepus nuimkite dangtį ir troškinį gerai išmaišykite ir šakute susmulkinkite jautieną gabalėliais.

MITYBA: Kalorijos 275 | Iš viso riebalų 10g | Grynieji angliavandeniai: 24g | Baltymai 22g)

70.Bouillabaisse žuvies troškinys

Bendras laikas: 6 val. 55 min.| Patiekti: 6

INGRIDIENTAI:
- 1 puodelis sauso baltojo vyno
- 1 apelsino sultys ir žievelė
- 2 šaukštai alyvuogių aliejaus
- 1 didelis svogūnas, supjaustytas
- 2 skiltelės česnako, susmulkintos
- 1 šaukštelis džiovinto baziliko
- 1/2 šaukštelio džiovintų čiobrelių
- 1/2 šaukštelio druskos
- 1/4 šaukštelio maltų juodųjų pipirų
- 4 stiklinės žuvies sultinio; galima naudoti ir vištienos sultinį
- 1 skardinė kubeliais pjaustytų pomidorų, nusausintų
- 1 lauro lapas
- 0,9 svaro baltos žuvies filė be kaulų, be odos (pvz., menkės)
- 0,9 svaro krevetės, nuluptos ir ištrintos
- 0,9 svaro midijų savo kiautuose
- 1/2 citrinos sultys
- 1/4 puodelio šviežių itališkų (plokščialapių) petražolių

INSTRUKCIJOS:
- Didelėje keptuvėje įkaitinkite aliejų.
- Suberkite svogūną ir pakepinkite visas daržoves, kol beveik suminkštės.
- Įpilkite česnako, baziliko, čiobrelių, druskos ir pipirų.
- Supilkite vyną ir užvirinkite. Įpilkite žuvies sultinio, apelsino žievelės, pomidorų ir lauro lapų ir išmaišykite, kad susimaišytų.

- Viską supilkite į lėtą viryklę, uždenkite viryklę ir virkite ant silpnos ugnies 4–6 valandas.
- Likus maždaug 30 minučių prieš patiekiant, įjunkite viryklę iki aukšto lygio. Supilkite žuvį ir krevetes su citrinos sultimis.
- Įmaišykite į viryklėje esantį sultinį, uždenkite ir virkite, kol žuvis iškeps apie 20 minučių.
- Pabaigoje sudėkite midijas ir leiskite garuoti 20 minučių uždengę dangtį.

MITYBA: Kalorijos 310 | Iš viso riebalų 30g | Grynieji angliavandeniai: 4g | Baltymai 3g)

71.Jautienos ir brokolių troškinys

Bendras laikas: 2 HR 20 MIN| Patiekiama: 8)

INGRIDIENTAI:
- 1 puodelis jautienos sultinio
- 1/4 puodelio sojos padažo
- 1/4 puodelio austrių padažo
- 1/4 puodelio ksilitolio
- 1 valgomasis šaukštas sezamo aliejaus
- 3 skiltelės česnako, susmulkintos
- 2,2 svaro jautienos kepsnys be kaulų ir plonai supjaustyti
- 2 šaukštai migdolų miltų arba psyllium luobelės
- 2 brokolių galvutės, supjaustytos žiedynais

INSTRUKCIJOS:
- Vidutiniame dubenyje sumaišykite jautienos sultinį, sojos padažą, austrių padažą, cukrų, sezamo aliejų ir česnaką.
- Įdėkite jautieną į lėtą viryklę. Įpilkite padažo mišinio ir švelniai išmaišykite, kad susimaišytų. Uždenkite ir virkite ant silpnos ugnies 90 minučių.
- Mažame dubenyje suplakite 1/4 puodelio vandens ir migdolų miltų.
- Į lėtą viryklę įmaišykite migdolų miltų mišinį ir brokolius.
- Uždenkite ir virkite ant stiprios ugnies dar 30 minučių.

MITYBA: Kalorijos 370 | Iš viso riebalų 18g | Grynieji angliavandeniai: 4g | Baltymai 47g)

72.Midijų troškinys

Bendras laikas: 5 HR 45 MIN| Patiekiama: 8)

INGRIDIENTAI:

- 2,2 svaro šviežių arba šaldytų, išvalytų midijų
- 3 šaukštai alyvuogių aliejaus
- 4 skiltelės česnako, susmulkintos
- 1 Didelis svogūnas, smulkiai pjaustytas
- 1 kubeliais pjaustytų grybų
- 2 skardinės kubeliais pjaustytų pomidorų
- 2 šaukštai raudonėlio
- ½ šaukštelio baziliko
- ½ šaukštelio juodųjų pipirų
- 1 šaukštelis paprikos
- Pabarstykite raudonais čili dribsniais
- 3/4 puodelio vandens

INSTRUKCIJOS:

- Pakepinkite svogūnus, česnakus, askaloninius česnakus ir grybus, visą keptuvės turinį susmulkinkite į puodą.
- Į lėtą viryklę sudėkite visus likusius ingredientus, išskyrus midijas. Virkite ant silpnos ugnies 4-5 valandas arba ant stiprios 2-3 valandas. Kepate, kol grybai suminkštės ir kol skoniai susilies.
- Kai grybai iškeps ir padažas bus paruoštas, pakelkite puodą aukštyn. Į puodą suberkite nuvalytas midijas ir sandariai uždarykite dangtį. Virkite dar 30 minučių.
- Supilkite midijas į dubenėlius su dideliu sultiniu. Jei kepimo metu midijos neatsidarė, išmeskite ir jas

MITYBA: Kalorijos 228 | Iš viso riebalų 9g | Grynieji angliavandeniai: 32g | Baltymai 4g)

73.Kreminis vištienos ir moliūgų troškinys

Bendras laikas: 5 HR| Patiekti: 6

INGRIDIENTAI:

- 1,3 svaro vištienos be kaulų vištienos krūtinėlė
- 1 1/4 stiklinės vištienos sultinio
- 1 skardinė išgarinto pieno (pilna grietinėlė)
- 1/3 puodelio grietinės arba crème fraiche
- 1 valgomasis šaukštas malto česnako
- ½ puodelio tarkuoto subrendusio čederio sūrio
- Šviežias arba šaldytas smulkiai pjaustytas moliūgas
- Druska ir pipirai pagal skonį

INSTRUKCIJOS:

- Puode sumaišykite visus ingredientus.
- Uždenkite ir sumažinkite puodą. Virkite 4,5 valandos ant silpnos ugnies arba tol, kol vištiena ir moliūgas iškeps ir suminkštės.
- Prieš patiekdami išmaišykite padažą puode.

MITYBA: Kalorijos 321 | Iš viso riebalų 12g | Grynieji angliavandeniai: 17g | Baltymai 35g)

74.Saldžiųjų bulvių troškinys

Bendras laikas: 6 val. 20 min.| Patiekti: 6

INGRIDIENTAI:

- 2 puodeliai kubeliais pjaustytų saldžiųjų bulvių
- 4 vištienos krūtinėlės be kaulų
- 4 vištienos šlaunelės be kaulų
- 2 puodeliai vištienos sultinio
- 1 ½ puodelio kapotų žaliųjų saldžiųjų paprikų
- 1 ¼ puodelio kubeliais pjaustytų šviežių pomidorų
- ¾ puodelio skardinės pomidorų, svogūnų ir čili mišinio
- 1 valgomasis šaukštas Cajun arba kario prieskonių
- 2 skiltelės česnako, susmulkintos
- ¼ puodelio kreminio riešuto
- Šviežia kalendra
- Susmulkinti skrudinti riešutai

INSTRUKCIJOS:

- Lėtoje viryklėje sumaišykite saldžiąsias bulves, vištieną, sultinį, paprikas, kubeliais pjaustytus pomidorus, pomidorus ir žaliąsias čili pipirus, Cajun prieskonius ir česnaką.
- Uždenkite ir virkite ant silpnos ugnies 10–12 valandų arba ant stiprios ugnies 5–6 valandas.
- Iš viryklės išimkite 1 puodelį karšto skysčio. Dubenyje išplakite skystį su riešutų sviestu. Įdėkite mišinį į viryklę.
- Patiekite su kalendra ir, jei norite, žemės riešutais.

MITYBA: Kalorijos 399 | Iš viso riebalų 21g | Grynieji angliavandeniai: 13,5 g | Baltymai 37g)

75.Jautienos Shin troškinys

Bendras laikas: 3 val. 25 min.| Patiekiama: 8)

INGRIDIENTAI:

- 2 svarai. kokybiška jautienos blauzda, kubeliais
- 4 šaukštai alyvuogių aliejaus
- 2 raudonieji svogūnai, nulupti ir stambiai pjaustyti
- 3 vnt morkos, nuluptos ir stambiai pjaustytos
- 3 saliero lazdelės, nupjautos ir grubiai pjaustytos
- 4 skiltelės česnako, nenuluptos
- kelių šakelių šviežio rozmarino
- 2 lauro lapai
- 2 puodeliai grybų
- 2 puodeliai kūdikio čiulpų
- Druska ir pipirai pagal skonį
- 1 valgomasis šaukštas psyllium lukštų
- 2 skardinės pomidorų
- ⅔ Butelis raudonojo vyno

INSTRUKCIJOS:

- Įkaitinkite orkaitę iki 360 F.
- Storadugniame, orkaitei atspariame puode įkaitinkite alyvuogių aliejų ir pakepinkite svogūnus, morkas, salierus, česnakus, žoleles ir grybus 5 minutes, kol šiek tiek suminkštės.
- Tuo tarpu jautieną apvoliokite psyllium lukšte.
- Tada sudėkite mėsą į puodą ir maišykite, kol visi ingredientai susimaišys.
- Įpilkite pomidorų, vyno ir žiupsnelio druskos bei pipirų ir švelniai užvirinkite.
- Kai užvirs, išjunkite ugnį ir uždenkite puodą dvigubo storio folija ir dangčiu.

- Įdėkite puodą į orkaitę, kad keptų ir skonis išliktų 3 valandas arba tol, kol jautieną bus galima atskirti šaukštu.
- Paragaukite ir, jei reikia, įberkite dar druskos.
- Patiekite ir mėgaukitės.

MITYBA: Kalorijos 315 | Iš viso riebalų 7g | Grynieji angliavandeniai: 7g | Baltymai 20g)

76.Tuno žuvies troškinys

Bendras laikas: 25 MIN| Patiekimas: 2

INGRIDIENTAI:

- 1 skardinė tuno vandenyje, nusausinta
- 1 valgomasis šaukštas sviesto
- $\frac{1}{4}$ mažo svogūno, smulkiai supjaustyto
- 1 skiltelė česnako, susmulkinta
- 1 šaukštelis šviežio imbiero, tarkuoto
- $\frac{1}{2}$ skardinių pomidorų, smulkiai pjaustytų
- 1 puodelis špinatų, smulkiai pjaustytų
- 1 nedidelė morka, sutarkuota
- 1 šaukštelis kario miltelių 1 šaukštelis ciberžolės
- $\frac{1}{2}$ šaukštelio kajeno pipirų (nebūtina)
- Druska ir pipirai pagal skonį

INSTRUKCIJOS:

- Svieste pakepinkite svogūną, česnaką ir imbierą.
- Įdėkite pomidorus, kai svogūnai suminkštės.
- Gabaliukai ir tiek vandens, kad pagamintumėte troškinį špinatų, morkų ir tuno žuviai. Virkite ant mažos ugnies apie 15 minučių.
- Neperkepkite špinatų.
- Garinkite 2 puodelius žiedinių kopūstų, sutrinkite ir įpilkite 1 šaukštą sviesto. Patiekite troškinį ant kaulimašo.

MITYBA: Kalorijos 253 | Iš viso riebalų 5g | Grynieji angliavandeniai: 7 g | Baltymai 25g | Skaidulos: 2g)

77.Žiedinių kopūstų ir sūrio kopūstai

Bendras laikas: 30 MIN| Patiekimas: 4

INGRIDIENTAI:

- 4 puodeliai susmulkintų žiedinių kopūstų žiedynų
- 4 šoninės juostelės
- 1 valgomasis šaukštas ekologiško sviesto
- 2 skiltelės česnako, susmulkintos
- 1 svogūnas, smulkiai pjaustytas
- ¼ puodelio migdolų miltų
- 4 puodeliai mažai natrio turinčio vištienos sultinio
- ½ puodelio pieno
- ¼ puodelio lengvos grietinėlės
- 1 puodelis čederio, susmulkintas
- Druska ir pipirai pagal skonį

INSTRUKCIJOS:

- Dideliame puode iškepkite šoninę. Iškepus išimkite iš puodo ir atidėkite į šalį.
- Naudodami tą patį puodą, nustatykite ugnį ant vidutinės ir suberkite svogūnus. Virkite 3 minutes, tada suberkite česnako ir žiedinio kopūsto žiedynus ir virkite dar 5 minutes.
- Į puodą suberkite miltus ir nuolat plakite minutę.
- Supilkite vištienos sultinį, pieną ir šviesią grietinėlę ir maišykite 3 minutes.
- Leiskite virti 15 minučių, tada išjunkite ugnį.
- Į puodą suberkite čederio sūrį, pagardinkite druska, pipirais ir vėl išmaišykite.
- Patiekite su pjaustyta šonine ant viršaus.

MITYBA: Kalorijos 268 | Iš viso riebalų 15,9 g | Grynieji angliavandeniai: 11,9 g | Baltymai 19,5g | ląsteliena: 3,1 g)

78.Vištienos šoninė

INGRIDIENTAI:

- 4 skiltelės česnako – susmulkintos
- 1 poras – nuvalyti, nupjauti ir supjaustyti
- 2 serbentai salierai – kubeliais
- 1 griežinėliais supjaustyti grybai
- 2 vidutiniai saldūs svogūnai – plonais griežinėliais
- 4 šaukštai sviesto
- 2 puodeliai vištienos sultinio
- 6 vištienos krūtinėlės be kaulų, be odos, su drugeliais
- 8 uncijos. sūrio kremas
- 1 puodelis riebios grietinėlės
- 1 pakelis dryžuotų šoninių – iškepti traškūs ir sutrupinti
- 1 šaukštelis druskos
- 1 šaukštelis pipirų
- 1 šaukštelis česnako miltelių
- 1 šaukštelis čiobrelių

INSTRUKCIJOS:

- Pasirinkite žemą lėtos viryklės nustatymą.
- Į lėtą viryklę įdėkite 1 puodelį vištienos sultinio, svogūnus, česnaką, grybus, porus, salierus, 2 šaukštus sviesto ir druskos bei pipirų.
- Uždenkite dangtį ir troškinkite ingredientus ant silpnos ugnies 1 valandą.
- Vištienos krūtinėles apkepkite keptuvėje su 2 šaukštais sviesto.
- Įpilkite likusį 1 puodelį vištienos sultinio.
- Nubraukite keptuvės dugną, kad pašalintumėte vištieną, kuri galėjo prilipti prie dugno.

● Išimkite iš keptuvės ir atidėkite į šalį, riebalus iš keptuvės užpilkite ant vištienos.

● Į lėtą viryklę įpilkite čiobrelių, riebios grietinėlės, česnako miltelių ir grietinėlės sūrio.

● Maišykite lėtos viryklės turinį, kol kreminis sūris išsilydys į indą.

● Vištieną supjaustykite kubeliais. Į lėtą viryklę sudėkite šoninę ir vištienos kubelius. Sumaišykite ingredientus ir virkite ant silpnos ugnies 6-8 valandas.

MITYBA: Kalorijos 355 | Iš viso riebalų 21g | Grynieji angliavandeniai: 6,4 g | Baltymai 28g)

DESERTAI

79.Rytinis Zefyro pyragas

Bendras laikas: 40 MIN| Patiekiama: 8)

INGRIDIENTAI:

- 3 šaukštai kokosų aliejaus
- 2 šaukštai maltų linų sėmenų
- 8 šaukštai migdolų, maltų
- 1 puodelis graikiško jogurto
- 1 valgomasis šaukštas kakavos miltelių dulkėms
- 1 puodelis riebios plaktos grietinėlės
- 1 šaukštelis kepimo miltelių
- 1 šaukštelis kepimo soda
- 1 šaukštelis grynos vanilės esencijos
- 1 žiupsnelis rausvos druskos
- 1 puodelis Stevijos arba eritritolio saldiklio

INSTRUKCIJOS:

- Įkaitinkite orkaitę iki 350 F laipsnių.
- Į maišytuvą pirmiausia suberkite maltus migdolus, maltas linų sėklas, kepimo miltelius ir soda. Sumaišykite minutę.
- Įpilkite druskos, kokosų aliejaus ir dar šiek tiek išmaišykite. Įpilkite saldiklio ir plakite 2-3 minutes.
- Įpilkite graikiško jogurto ir plakite maždaug minutę, kol pasieksite puikią konsistenciją.
- Išimkite tešlą į dubenį, supilkite vanilės esenciją ir išmaišykite lengva ranka.
- Kepimo formą ištepkite riebalais ir supilkite į ją tešlą.
- Kepkite 30 minučių. Leiskite atvėsti ant grotelių. Tarnauti.

MITYBA: Kalorijos 199,84 | Iš viso riebalų 20,69g | Grynieji angliavandeniai: 3,22 g | Baltymai 2,56g | ląsteliena 1,17g)

Bendras laikas: 22 MIN| Porcijos: 16)

INGRIDIENTAI:

- 2 kiaušiniai
- 2 1/2 puodeliai žemės riešutų sviesto
- 1/2 puodelio susmulkinto kokoso (nesaldinto)
- 1/2 puodelio ksilitolio
- 1 valgomasis šaukštas gryno vanilės ekstrakto

INSTRUKCIJOS:

- Įkaitinkite orkaitę iki 320 F.
- Sumaišykite visus ingredientus rankomis.
- Kruopščiai sumaišius ingredientus, iškočiokite į kupinus šaukšto dydžio rutuliukus ir suspauskite į kepimo popieriumi išklotą skardą.
- Kepame įkaitintoje orkaitėje 12 minučių.
- Kai paruošta, leiskite atvėsti ant grotelių.
- Patiekite ir mėgaukitės.

MITYBA: Kalorijos 254,83 | Iš viso riebalų 21,75 g| Grynieji angliavandeniai: 8,31 g | Baltymai 10,98g | ląsteliena 2,64g)

81.Pekano linų sėklų blondinės

Bendras laikas: 40 MIN| Porcijos: 16)

INGRIDIENTAI:

- 3 kiaušiniai
- 2 1/4 puodeliai pekano riešutų, skrudinti
- 3 šaukštai riebios grietinėlės
- 1 valgomasis šaukštas sūdytos karamelės sirupo
- 1/2 stiklinės sumaltų linų sėmenų
- 1/4 puodelio sviesto, lydyto
- 1/4 puodelio eritritolio, miltelių pavidalo
- 10 lašų skystos stevijos
- 1 šaukštelis kepimo miltelių
- 1 žiupsnelis druskos

INSTRUKCIJOS:

- Įkaitinkite orkaitę iki 350 F.
- Kepimo skardoje kepkite pekano riešutus 10 minučių.
- 1/2 puodelio linų sėmenų sumalkite prieskonių trintuve. Į dubenį sudėkite linų sėmenų miltelius. Eritritolį sutrinkite prieskonių trintuve iki miltelių. Sudėkite į tą patį dubenį kaip ir linų sėmenų miltus.
- 2/3 skrudintų pekano riešutų sudėkite į virtuvinį kombainą ir trinkite, kol pasidarys vientisas riešutų sviestas.
- Į linų sėmenų mišinį supilkite kiaušinius, skystą Steviją, sūdytą karamelės sirupą ir žiupsnelį druskos. Gerai ismaisyti. Į tešlą įpilkite pekano sviesto ir vėl išmaišykite.
- Likusius skrudintus pekano riešutus susmulkinkite gabalėliais.
- Į tešlą įpilkite susmulkintų pekano riešutų ir 1/4 puodelio lydyto sviesto.

- Gerai išmaišykite tešlą, tada suberkite grietinę ir kepimo miltelius. Viską gerai išmaišyti.
- Sudėkite tešlą į kepimo skardą ir kepkite 20 minučių.
- Šiek tiek atvėsinkite apie 10 minučių.
- Supjaustykite kvadratėliais ir patiekite.

MITYBA: Kalorijos 180,45 | Iš viso riebalų 18,23g | Grynieji angliavandeniai: 3,54 g | Baltymai 3,07g | ląsteliena 1,78g)

82.Šokoladiniai pipirmėčių ledai

Bendras laikas: 35 MIN| Patiekimas: 3

INGRIDIENTAI:
- 1/2 šaukštelio pipirmėčių ekstrakto
- 1 puodelis riebios grietinėlės
- 1 puodelis grietinėlės sūrio
- 1 šaukštelis gryno vanilės ekstrakto
- 1 šaukštelis skysto Stevijos ekstrakto
- 100% juodasis šokoladas užpilui

INSTRUKCIJOS:
- Įdėkite ledų dubenį į šaldiklį.
- Į metalinį dubenį sudėkite visus ingredientus, išskyrus šokoladą, ir gerai išplakite.
- Įdėkite atgal į šaldiklį 5 minutėms.
- Nustatykite ledų gaminimo aparatą ir įpilkite skysčio.
- Prieš patiekdami ledus apibarstykite šokolado drožlėmis. Tarnauti.

MITYBA: Kalorijos 286,66 | Iš viso riebalų 29,96g | Grynieji angliavandeniai: 2,7 g | Baltymai 2,6 g)

83.Išpūsti kokoso vafliai

Bendras laikas: 20 MIN| Patiekiama: 8)

INGRIDIENTAI:
- 1 puodelis kokoso miltų
- 1/2 puodelio riebios (plaktos) grietinėlės
- 5 kiaušiniai
- 1/4 šaukštelio rausvos druskos
- 1/4 šaukštelio kepimo sodos
- 1/4 puodelio kokosų pieno
- 2 šaukšteliai Yacon sirupo
- 2 šaukštai kokosų aliejaus (tirpinto)

INSTRUKCIJOS:
- Į didelį dubenį įmuškite kiaušinius ir plakite elektriniu rankiniu plaktuvu 30 sekundžių.
- Vis dar maišant į kiaušinius įpilkite riebios (plakančios) grietinėlės ir kokosų aliejaus. Įpilkite kokosų pieno, kokosų miltų, rožinės druskos ir kepimo sodos. Maišykite rankiniu maišytuvu 45 sekundes mažu greičiu. Atidėti.
- Gerai įkaitinkite vaflinę ir pagaminkite vaflius pagal gamintojo specifikacijas.
- Patiekite karštą.

MITYBA: Kalorijos 169,21 | Iš viso riebalų 12,6 g | Grynieji angliavandeniai: 9,97 g | Baltymai 4,39g | ląsteliena 0,45 g)

84. Aviečių šokoladinis kremas

Bendras laikas: 15 MIN| Patiekimas: 4

INGRIDIENTAI:

- 1/2 puodelio 100% tamsaus šokolado, susmulkinto
- 1/4 puodelio riebios grietinėlės
- 1/2 puodelio kreminio sūrio, suminkštinto
- 2 šaukštai aviečių sirupo be cukraus
- 1/4 puodelio eritritolio

INSTRUKCIJOS:

- Dviguboje katile ištirpinkite susmulkintą šokoladą ir kreminį sūrį. Įpilkite eritritolio saldiklio ir toliau maišykite. Nukelkite nuo ugnies, leiskite atvėsti ir atidėkite.
- Kai kremas atvės, supilkite grietinę ir aviečių sirupą ir gerai išmaišykite.
- Supilkite grietinėlę į dubenėlius ar stiklines ir patiekite. Laikyti šaldytuve.

MITYBA: Kalorijos 157,67 | Iš viso riebalų 13,51g | Grynieji angliavandeniai: 7,47 g | Baltymai 1,95g | ląsteliena 1g)

Bendras laikas: 6 HR| Porcijos: 24)

INGRIDIENTAI:
- 2 puodeliai migdolų miltų
- 1 puodelis kapotų lazdyno riešutų
- 1/2 puodelio kakavos miltelių
- 1/2 stiklinės maltų linų
- 3 šaukštai kokosų aliejaus (tirpinto)
- 1/3 stiklinės vandens
- 1/3 puodelio eritritolio
- 1/4 šaukštelio skystos Stevijos

INSTRUKCIJOS:
- Dubenyje sumaišykite linų ir migdolų miltus, kakavos miltelius.
- Įmaišykite aliejų, vandenį, agavą ir vanilę. Kai gerai susimaišys, įmaišykite smulkintus lazdyno riešutus.
- Suformuokite rutuliukus, delnais suspauskite ir padėkite ant dehidratoriaus ekranų.
- Dehidratuokite vieną valandą esant 145, tada sumažinkite iki 116 ir dehidratuokite mažiausiai penkias valandas.
- Patiekite ir mėgaukitės.

MITYBA: Kalorijos 181,12 | Iš viso riebalų 15,69g | Grynieji angliavandeniai: 8,75 g | Baltymai 4,46g | ląsteliena: 3,45 g)

86.Moliūgų sūrio pyragaičiai be nuodėmės

Bendras laikas: 15 MIN| Patiekti: 6

INGRIDIENTAI:
- 1/2 puodelio moliūgo tyrės
- 1 šaukštelis moliūgų pyrago prieskonių
- 1/2 puodelio pekano riešutų, smulkiai sumaltų
- 1/2 puodelio grietinėlės sūrio
- 1 šaukštas kokosų aliejaus
- 1/2 šaukštelio gryno vanilės ekstrakto
- 1/4 šaukštelio gryno jakono sirupo arba eritritolio

INSTRUKCIJOS:
- Paruoškite bandelių formą su įdėklais.
- Į kiekvieną bandelių formą įdėkite keletą maltų pekano riešutų ir padarykite ploną plutą.
- Dubenyje sumaišykite saldiklį, prieskonius, vanilę, kokosą ir moliūgų tyrę. Įpilkite grietinėlės sūrio ir plakite, kol mišinys gerai susimaišys.
- Ant kiekvienos plutos užpilkite apie du šaukštus įdaro mišinio ir išlyginkite kraštus.
- Įdėkite į šaldiklį maždaug 45 minutėms.
- Išimkite iš keksų formos ir palikite 10 minučių pastovėti. Tarnauti.

MITYBA: Kalorijos 157,34 | Iš viso riebalų 15,52g | Grynieji angliavandeniai: 3,94 g | Baltymai 2,22g | ląsteliena: 1,51 g)

87.Rūgštūs lazdyno riešutų sausainiai su Arrowroot arbata

Bendras laikas: 50 MIN| Patiekiama: 12

INGRIDIENTAI:

- 1 kiaušinis
- 1/2 puodelio lazdyno riešutų
- 3 šaukštai kokosų aliejaus
- 2 puodeliai migdolų miltų
- 2 šaukštai arrowroot arbatos
- 2 šaukšteliai imbiero
- 1 Vš kakavos miltelių
- 1/2 puodelio greipfrutų sulčių
- 1 apelsino žievelė iš pusės apelsino
- 1/2 šaukštelio kepimo sodos
- 1 žiupsnelis druskos

INSTRUKCIJOS:

- Įkaitinkite orkaitę iki 360 F.
- Išvirkite arrowroot arbatą ir atvėsinkite.
- Lazdyno riešutus sutrinkite virtuviniu kombainu. Sudėkite likusius ingredientus ir toliau maišykite, kol gerai susimaišys. Su tešla rankomis suformuokite sausainius.
- Dėkite sausainius ant kepimo popieriaus ir kepkite 30-35 minutes. Kai paruošite, išimkite skardą iš orkaitės ir leiskite atvėsti.
- Patiekite šiltą arba šaltą.

MITYBA: Kalorijos 224,08 | Iš viso riebalų 20,17g | Grynieji angliavandeniai: 8,06 g | Baltymai 6,36g | ląsteliena 3,25 g)

88.Totoriniai „Zero-Belly" sausainiai

Bendras laikas: 35 MIN| Patiekiama: 8)

INGRIDIENTAI:

- 3 kiaušiniai
- 1/8 šaukštelio totorių grietinėlės
- 1/3 puodelio grietinėlės sūrio
- 1/8 šaukštelio druskos
- Šiek tiek aliejaus tepimui

INSTRUKCIJOS:

- Įkaitinkite orkaitę iki 300 F.
- Slapuką išklokite kepimo popieriumi ir patepkite trupučiu aliejaus.
- Atskirkite kiaušinius nuo trynių. Sudėkite abu į skirtingus maišytuvus.
- Elektriniu rankiniu plaktuvu pradėkite plakti kiaušinių baltymus iki ypač didelio putojimo. Įpilkite totorių grietinėlės ir plakite, kol susidarys standžios smailės.
- Į kiaušinio trynio dubenį įpilkite grietinėlės sūrio ir šiek tiek druskos. Plakite, kol kiaušinių tryniai taps šviesiai geltoni.
- Kiaušinių baltymus įmaišykite į grietinėlės sūrio mišinį. Gerai išmaišykite.
- Padarykite sausainius ir padėkite ant sausainių lapo.
- Kepame apie 30-40 min. Kai bus paruošta, leiskite jiems atvėsti ant grotelių ir patiekite.

MITYBA: Kalorijos 59,99 | Iš viso riebalų 5,09g | Grynieji angliavandeniai: 0,56 g | Baltymai 2,93g)

89.Laukinių braškių ledai

Bendras laikas: 5 MIN| Patiekimas: 4

INGRIDIENTAI:
- 1/2 puodelio laukinių braškių
- 1/3 puodelio grietinėlės sūrio
- 1 puodelis riebios grietinėlės
- 1 šaukštelis citrinos sulčių
- 1 šaukštelis gryno vanilės ekstrakto
- 1/3 puodelio mėgstamo saldiklio
- Ledo kubeliai

INSTRUKCIJOS:
- Sudėkite visus ingredientus į maišytuvą. Maišykite, kol viskas gerai susimaišys.
- Prieš patiekiant palaikykite šaldytuve 2-3 valandas.

MITYBA: Kalorijos 176,43 | Iš viso riebalų 17,69g | Grynieji angliavandeniai: 3,37 g | Baltymai 1,9g | ląsteliena 0,39 g)

90.Mini citrininiai sūrio pyragaičiai

Bendras laikas: 5 MIN| Patiekti: 6

INGRIDIENTAI:

- 1 valgomasis šaukštas citrinos žievelės, tarkuotos
- 1 šaukštelis citrinos sulčių
- ½ šaukštelio stevijos miltelių arba (Truvia)
- 1/4 puodelio kokosų aliejaus, suminkštinto
- 4 šaukštai nesūdyto sviesto, suminkštinto
- 4 uncijos grietinėlės sūrio (sunkioji grietinėlė)

INSTRUKCIJOS:

- Visus ingredientus sutrinkite rankiniu maišytuvu arba trintuvu iki vientisos ir kreminės masės.
- Paruoškite keksiukų arba bandelių formą su 6 popieriniais įdėklais.
- Supilkite mišinį į paruoštą skardą ir padėkite į šaldiklį 2-3 valandoms arba kol sutvirtės.
- Pabarstykite puodelius papildomai citrinos žievele. Arba pabandykite naudoti susmulkintus riešutus arba susmulkintą, nesaldintą kokosą.

MITYBA: Kalorijos 213 | Iš viso riebalų 23g | Grynieji angliavandeniai: 0,7 g | Baltymai 1,5g | ląsteliena: 0,1 g)

91.Neryškūs žemės riešutų sviesto kvadratėliai

Bendras laikas: 10 MIN| Patiekiama: 12

INGRIDIENTAI:
- 1 puodelis natūralaus kreminio žemės riešutų sviesto
- 1 puodelis kokosų aliejaus
- 1/4 puodelio nesaldinto vanilinio migdolų pieno
- žiupsnelis rupios jūros druskos
- 1 šaukštelis vanilės ekstrakto
- 2 šaukšteliai skystos stevijos (nebūtina)

INSTRUKCIJOS:
- Mikrobangų krosnelėje tinkamame dubenyje kartu suminkštinkite žemės riešutų sviestą ir kokosų aliejų. (Apie 1 minutę ant vidutinės ugnies.)
- Minkštą žemės riešutų sviestą ir kokosų aliejų sumaišykite su likusiais ingredientais trintuve arba virtuvės kombainu.
- Maišykite, kol gerai susimaišys.
- Supilkite į 9x4 colių kepimo formą, išklotą pergamentiniu popieriumi.
- Šaldykite, kol pamatysite. Apie 2 valandas.
- Mėgautis.

MITYBA: Kalorijos 292 | Iš viso riebalų 28,9g | Grynieji angliavandeniai: 4,1 g | Baltymai 6g | ląsteliena 1,4g)

92.Citrinų kvadratėliai ir kokosų kremas

Bendras laikas: 1 val. 5 MIN.| Patiekiama: 8)

INGRIDIENTAI:
BAZĖ:
- 3/4 puodelio kokoso drožlių
- 2 šaukštai kokosų aliejaus
- 1 valgomasis šaukštas maltų migdolų

KREMAS:
- 5 kiaušiniai
- 1/2 citrinos sulčių
- 1 šaukštas kokosų miltų
- 1/2 puodelio Stevia saldiklio

INSTRUKCIJOS:
DĖL BAZĖS
- Įkaitinkite orkaitę iki 360 F.
- Į dubenį sudėkite visus pagrindo ingredientus ir švariomis rankomis viską gerai išmaišykite, kol suminkštės.
- Stačiakampę orkaitės formą ištepkite kokosų aliejumi. Tešlą supilti į kepimo skardą. Kepkite 15 minučių iki auksinės rudos spalvos. Atidėkite atvėsti.

KREMUI
- Dubenyje arba trintuve suplakite: kiaušinius, citrinos sultis, kokoso miltus ir saldiklį. Tolygiai užpilkite ant iškepusio pyrago.
- Įdėkite skardą į orkaitę ir kepkite dar 20 minučių.
- Kai paruošta, laikykite šaldytuve mažiausiai 6 valandas. Supjaustykite kubeliais ir patiekite.

MITYBA: Kalorijos 129 | Iš viso riebalų 15g | Grynieji angliavandeniai: 1,4 g | Baltymai 5g | ląsteliena 2,25g)

Bendras laikas: 10 MIN| Patiekiama: 12

INGRIDIENTAI:

- 1 puodelis migdolų sviesto arba mirkytų migdolų
- 1/4 puodelio migdolų pieno, nesaldinto
- 1 puodelis kokosų aliejaus
- 2 šaukšteliai skysto Stevia saldiklio pagal skonį

UŽPILDYMAS: ŠOKOLADINIS PADAŽAS

- 4 šaukštai kakavos miltelių, nesaldinti
- 2 šaukštai migdolų sviesto
- 2 šaukštai Stevia saldiklio

INSTRUKCIJOS:

- Ištirpinkite kokosų aliejų kambario temperatūroje.
- Sudėkite visus ingredientus į dubenį ir gerai išmaišykite, kol susimaišys.
- Migdolų sviesto mišinį supilkite į pergamentu išklotą lėkštę.
- Dėti į šaldytuvą 3 valandoms.
- Dubenyje sumaišykite visus užpilo ingredientus. Sustingusį užpilkite ant migdolų pyrago. Supjaustykite kubeliais ir patiekite.

MITYBA: Kalorijos 273 | Iš viso riebalų 23,3g | Grynieji angliavandeniai: 2,4 g | Baltymai 5,8g | ląsteliena 2g)

94.Žemės riešutų sviesto pyragas, padengtas šokolado padažu

Bendras laikas: 10 MIN| Patiekiama: 12

INGRIDIENTAI:

- 1 puodelis žemės riešutų sviesto
- 1/4 puodelio migdolų pieno, nesaldinto
- 1 puodelis kokosų aliejaus
- 2 šaukšteliai skysto Stevia saldiklio pagal skonį

UŽPILDYMAS: ŠOKOLADINIS PADAŽAS

- 2 šaukštai kokosų aliejaus, ištirpinto
- 4 šaukštai kakavos miltelių, nesaldinti
- 2 šaukštai Stevia saldiklio

INSTRUKCIJOS:

- Mikrobangų krosnelės dubenyje sumaišykite kokosų aliejų ir žemės riešutų sviestą; ištirpinkite mikrobangų krosnelėje 1-2 minutes.
- Įdėkite šį mišinį į maišytuvą; sudėkite likusius ingredientus ir gerai išmaišykite, kol susimaišys.
- Supilkite žemės riešutų mišinį į pergamentu išklotą kepimo skardą ar lėkštę.
- Šaldykite apie 3 valandas; kuo ilgiau, tuo geriau.
- Dubenyje sumaišykite visus užpilo ingredientus. Sustingus, užpilkite žemės riešutų saldainius. Supjaustykite kubeliais ir patiekite.

MITYBA: Kalorijos 273 | Iš viso riebalų 27g | Grynieji angliavandeniai: 2,4 g | Baltymai 6g | ląsteliena 2g)

GLOSUČIAI

95.Žaliasis kokoso kokteilis

Bendras laikas: 10 MIN| Patiekimas: 2

INGRIDIENTAI:

- 1 puodelis kokoso pieno
- 1 žalias obuolys, nuluptas ir supjaustytas
- 1 puodelis špinatų
- 1 agurkas
- 2 šaukštai skuto kokoso
- 1/2 stiklinės vandens
- Ledo kubeliai (jei reikia)

INSTRUKCIJOS:

- Sudėkite visus ingredientus ir ledą į maišytuvą; pulsuoja iki vientisos masės.
- Patiekite iš karto.

MITYBA: Kalorijos 216,57 | Iš viso riebalų 16,56g | Grynieji angliavandeniai: 8,79 g | Baltymai 2,88g | skaidulos: 4g)

96.Green Devil Pochlebca

Bendras laikas: 10 MIN| Patiekimas: 2

INGRIDIENTAI:

- 3 puodeliai kopūstų, švieži
- 1/2 puodelio kokoso jogurto
- 1/2 stiklinės brokolių, žiedynų
- 2 salierų stiebeliai, susmulkinti
- 2 puodeliai vandens
- 1 šaukštelis citrinos sulčių
- Ledo kubeliai (jei reikia)

INSTRUKCIJOS:

- Sumaišykite visus ingredientus iki vientisos ir šiek tiek putos.

MITYBA: Kalorijos 117,09 | Iš viso riebalų 4,98g | Grynieji angliavandeniai: 1,89 g | Baltymai 4,09g | ląsteliena 6,18g)

97.Green Dream Zero-Belly kokteilis

Bendras laikas: 10 MIN| Patiekimas: 4

INGRIDIENTAI:

- 1 puodelis žalio agurko, nulupto ir supjaustyto
- 4 puodeliai vandens
- 1 puodelis romėnų salotų
- 1 puodelis Haas avokado
- 2 šaukštai šviežio baziliko
- Jūsų pasirinktas saldiklis (neprivaloma)
- Sauja graikinių riešutų
- 2 šaukštai šviežių petražolių
- 1 valgomasis šaukštas tarkuoto šviežio imbiero
- Ledo kubeliai (neprivaloma)

INSTRUKCIJOS:

- Blenderyje sumaišykite visus ingredientus ir plakite iki vientisos masės.
- Įdėkite ledo, jei naudojate. Patiekite šaltą.

MITYBA: Kalorijos 50,62| Iš viso riebalų 3,89g | Grynieji angliavandeniai: 1,07 g | Baltymai 1,1g | Ląsteliena 2,44g)

98.Zero-Belly salierų ir riešutų kokteilis

Bendras laikas: 10 MIN| Patiekimas: 2

INGRIDIENTAI:

- 2 saliero stiebeliai
- 1 puodelis špinatų lapų, grubiai pjaustytų
- 1/2 puodelio pistacijų riešutų (nesūdytų)
- 1/2 avokado, supjaustyto
- 1/2 stiklinės laimo, sulčių
- 1 valgomasis šaukštas kanapių sėklų
- 1 valgomasis šaukštas migdolų, mirkytų
- 1 puodelis kokoso vandens
- Ledo kubeliai (neprivaloma)

INSTRUKCIJOS:

- Visus ingredientus sudėkite į maišytuvą su keliais ledo kubeliais ir plakite iki vientisos masės.

MITYBA: Kalorijos 349,55 | Iš viso riebalų 17,88g | Grynieji angliavandeniai: 5,01 g | Baltymai 11,08g | ląsteliena 9,8g)

99.Kalkių pipirmėčių kokteilis

Bendras laikas: 5 MIN| Patiekimas: 4

INGRIDIENTAI:
- 1/4 puodelio šviežių mėtų lapelių
- 1/4 puodelio laimo sulčių
- 1/2 puodelio agurko, supjaustyto
- 1 valgomasis šaukštas šviežių baziliko lapelių, susmulkintų
- 1 šaukštelis chia sėklų (nebūtina)
- Sauja chia sėklų
- 3 šaukšteliai laimo žievelės
- Jūsų pasirinktas saldiklis pagal skonį
- 1 puodelis vandens, padalintas
- Ledo pagal poreikį

INSTRUKCIJOS:
- Visus ingredientus sudėkite į trintuvą arba virtuvinį kombainą. Pulsuokite iki vientisos masės.
- Pripildykite stiklines ledo, į kiekvieną stiklinę supilkite kalkių ir mėgaukitės.

MITYBA: Kalorijos 28,11 | Iš viso riebalų 1,16 g | Grynieji angliavandeniai: 0,75 g | Baltymai 0,84g | ląsteliena 1,98g)

Bendras laikas: 10 MIN| Patiekimas: 4

INGRIDIENTAI:

- 2 puodeliai kantalupo
- 1/4 puodelio šviežių braškių
- 8 uncijos kokoso jogurto
- 2 stiklinės kopūstų lapų, susmulkintų
- 2 šaukštai saldiklio pagal jūsų skonį
- 1 ledas pagal poreikį
- 1 puodelis vandens

INSTRUKCIJOS:

- Išvalykite greipfrutą ir pašalinkite sėklas.
- Visus ingredientus sumaišykite elektriniu blenderiu ir plakite iki vientisos masės. Jei naudojote, įdėkite ledo ir patiekite.

MITYBA: Kalorijos 260,74 | Iš viso riebalų 11,57g | Grynieji angliavandeniai: 2,96 g | Baltymai 4,42g | ląsteliena 7,23g)

IŠVADA

Baigdami šią permainingą kelionę tikimės, kad „NULIS SKRANDŽIO RECEPTŲ KNYGA" įkvėpė jus priimti maitinantį ir subalansuotą požiūrį į valgymą. Receptai ir principai, kuriais dalijamasi šioje kulinarijos knygoje, yra skirti padėti jums pasiekti sveikesnį kūną ir laimingesnį bei energingesnį gyvenimą.

Naudodami „NULIS SKRANDŽIO RECEPTŲ KNYGA" turite įrankių, leidžiančių teigiamai pakeisti savo mitybos įpročius. Kiekvienas receptas yra kruopščiai parengtas, kad suteiktų jums reikalingų maistinių medžiagų, tuo pačiu palaikant jūsų svorio metimą ir bendrus sveikatos tikslus. Taikydami „Zero Belly" metodą, jūs ne tik laikotės trumpalaikės dietos, bet ir ilgalaikio gyvenimo būdo, kuris skatina tvarią sveikatą ir gerovę.

Taigi, eidami sveikesnio gyvenimo keliu, leiskite „NULIS SKRANDŽIO RECEPTŲ KNYGA" būti jūsų patikimu palydovu, kuriame rasite maistingų receptų, naudingų patarimų ir įgalinimo jausmą. Pasinaudokite sveikų ingredientų galia, sąmoninga mityba ir subalansuotu požiūriu į mitybą. Kiekvienas patiekalas, kurį ruošiate pagal šią kulinarinę knygą, yra galimybė pamaitinti savo kūną ir pasirinkti, kas palaikytų jūsų bendrą gerovę.

Tegul jūsų virtuvė prisipildo maitinančių ingredientų aromatų, gaminimo džiaugsmo ir pasitenkinimo, kai maitinate savo kūną gardžiais patiekalais. Linkime jums sveikesnio ir gyvybingumo bei gerovės!

Milton Keynes UK
Ingram Content Group UK Ltd.
UKHW020756190923
428965UK00016B/1164

9 781835 518472